中等职业学校教科书



# 思想政治

基础模块

## 心理健康与职业生涯

教育部组织编写

高等教育出版社·北京

编委会主任：靳　诺　孙蚌珠
编委会副主任：肖贵清　翟海魂　何绪军
编委会成员：（以姓氏笔画为序）
王　易　王春燕　冯为远　邬宪伟　刘　军　孙来斌
吴玉军　邱　吉　邹　泓　沈成飞　陈建华　陈保峰
郑晓哲　赵淑梅　侯志瑾　陶文昭　韩尚峰

本册主编：邹　泓　侯志瑾
编写人员：（以姓氏笔画为序）
朱佳佳　李小红　李晓巍　沈奕瑄　张文娟　周　晖
赵景欣　倪　竞　颜苏勤

图书在版编目（CIP）数据

思想政治：基础模块.心理健康与职业生涯/教育部组织编写.-- 北京：高等教育出版社，2023.8（2025.1重印）
ISBN 978-7-04-060908-0
Ⅰ.①思… Ⅱ.①教… Ⅲ.①政治课-中等专业学校-教材 Ⅳ.①G634.201
中国国家版本馆CIP数据核字(2023)第130963号

**思想政治　基础模块　心理健康与职业生涯**

教育部组织编写

责任编辑　邢燕波
封面设计　赵　阳
责任绘图　杨伟露
版式设计　赵　阳
责任校对　窦丽娜
责任印制　高　峰

出版发行　高等教育出版社
社　　址　北京市西城区德外大街4号
邮政编码　100120
印　　刷　固安县铭成印刷有限公司
开　　本　880 mm × 1240 mm　1/16
印　　张　8.75
字　　数　170千字
购书热线　010-58581118
咨询电话　400-810-0598
网　　址　http://www.hep.edu.cn
　　　　　http://www.hep.com.cn
版　　次　2023年8月第1版
印　　次　2025年1月第5次印刷
定　　价　12.25元


物料号　60908-00

# 目 录

## 第一单元

# 时代导航 生涯筑梦

在中职学校学习，是我们人生发展的重要阶段。这是我们形成正确价值观念、健全人格，树立职业理想，规划职业生涯的关键时期。中国特色社会主义进入新时代，在全面建成小康社会、实现第一个百年奋斗目标之后，我们踏上了全面建设社会主义现代化国家、全面推进中华民族伟大复兴的新征程。立足新时代，每个人都要自觉将职业理想融入国家和民族的伟大事业中。

在本单元，我们将了解社会发展与个人梦想之间的关系，领会新时代为个人发展提供了广阔舞台，明确新时代对个人素养提出的新要求，认识职业生涯规划对个人成长的重要意义，确立符合新时代要求的职业理想。

# 第1课
# 立足时代　志存高远

时代搭建广阔舞台，理想指引人生方向。每一代人都有时代赋予的使命，每一代人都有自己的追求，都要了解所处的时代，规划人生，成就梦想。学习本课，我们将了解新时代与个人成长的关系，理解社会发展是实现人生梦想的客观环境，学会树立符合时代要求的职业理想。

## 一、时代为我搭舞台

### 1. 成长在新时代

**阅读与思考**

2021年7月，习近平在庆祝中国共产党成立100周年大会上的讲话中指出：一百年来，在中国共产党的旗帜下，一代代中国青年把青春奋斗融入党和人民事业，成为实现中华民族伟大复兴的先锋力量。新时代的中国青年要以实现中华民族伟大复兴为己任，增强做中国人的志气、骨气、底气，不负时代，不负韶华，不负党和人民的殷切期望！

庆祝中国共产党成立100周年大会
在北京天安门广场隆重举行

● 结合材料与实际生活，谈谈我们成长在怎样的新时代。

社会发展所提供的客观环境是个人成长和实现人生理想的前提。每个人都生活在社会中，个人的成长离不开社会所提供的现实基础，社会为个人生存和发展提供了条件。个人劳动和创造也推动着社会进步与发展，人的价值只有在为满足社会和他人需要所作的贡献中才能体现出来。人民对美好生活的向往就是中国共产党的奋斗目标，而美好生活必须通过全体人民共同奋斗才能实现。我们只有将个人成长与社会发展统一起来，才能更好地创造人生价值，实现人生理想。

> 立足新时代新征程，中国青年的奋斗目标和前行方向归结到一点，就是坚定不移听党话、跟党走，努力成长为堪当民族复兴重任的时代新人。
>
> ——习近平

中国特色社会主义新时代是我国发展新的历史方位。在全面建成小康社会、实现第一个百年奋斗目标之后，我们乘势而上，开启了全面建设社会主义现代化国家新征程，正阔步向第二个百年奋斗目标进军，以中国式现代化全面推进中华民族伟大复兴。作为新时代的青年，我们每个人都有理想和追求，都有自己的梦想。我们追求幸福人生的个人梦想都是在中国梦的整体画卷中展开的，每个中国人的梦最终汇聚成中国梦。

### 相关链接

党的二十大报告指出，全面建成社会主义现代化强国，总的战略安排是分两步走：从2020年到2035年基本实现社会主义现代化；从2035年到本世纪中叶把我国建成富强民主文明和谐美丽的社会主义现代化强国。

**到2035年，我国发展的总体目标**

- 经济实力、科技实力、综合国力大幅跃升，人均国内生产总值迈上新的大台阶，达到中等发达国家水平。
- 实现高水平科技自立自强，进入创新型国家前列。
- 建成现代化经济体系，形成新发展格局，基本实现新型工业化、信息化、城镇化、农业现代化。
- 基本实现国家治理体系和治理能力现代化，全过程人民民主制度更加健全，基本建成法治国家、法治政府、法治社会。
- 建成教育强国、科技强国、人才强国、文化强国、体育强国、健康中国，国家文化软实力显著增强。
- 人民生活更加幸福美好，居民人均可支配收入再上新台阶，中等收入群体比重明显提高，基本公共服务实现均等化，农村基本具备现代生活条件，社会保持长期稳定，人的全面发展、全体人民共同富裕取得更为明显的实质性进展。
- 广泛形成绿色生产生活方式，碳排放达峰后稳中有降，生态环境根本好转，美丽中国目标基本实现。
- 国家安全体系和能力全面加强，基本实现国防和军队现代化。

我们成长的新时代，政治清明、经济发展、文化繁荣、社会稳定、人民团结、山河秀美，为我们实现人生梦想提供了良好的客观环境。国家好、民族好，大家才会好。为实现中华民族伟大复兴的中国梦而奋斗，是我们人生难得的际遇。我们要珍惜这个伟大时代，自觉把人生理想融入国家和民族的事业中，做新时代的奋斗者，在实现中国梦的历史进程中放飞青春梦想。

## 2. 新舞台，新机遇

**阅读与思考**

2021 年 8 月，国务院印发的《“十四五”就业促进规划》提出，到 2025 年要实现的主要目标包括：就业形势总体平稳，就业质量稳步提升，结构性就业矛盾有效缓解，创业带动就业动能持续释放，风险应对能力显著增强。

● 查阅相关资料，结合自己的专业说一说：新时代为我们提供了哪些发展机遇？我们要做哪些准备？

实现全面建成社会主义现代化强国的奋斗目标，实现中华民族伟大复兴的中国梦，需要建设一支知识型、技能型、创新型劳动者大军。这为我们每一位有理想、有追求的青年健康成长、成才报国提供了广阔的舞台和无限的机遇。

更多的就业机会。我国当前实施就业优先战略，不断强化就业优先政策，健全就业保障相关机制，为促进全社会更充分更高质量就业保驾护航。随着我国进入新的发展阶段，产业升级和经济结构调整不断加快，在全面推进技能型社会建设的过程中，各行各业对技术技能人才的需求越来越大，技术技能人才的社会地位也越来越高，这为我们毕业后就业提供了更多的选择机会。在向第二个百年奋斗目标进军，推进新型工业化、信息化、城镇化、农业现代化建设的进程中，我国将涌现大量现代农业、现代工业、现代服务业的企业，将新增一批批新型职业和劳动岗位，这为我们未来就业提供了更大的发展空间。

更好的创业条件。我国实施鼓励创业的政策，通过营造宽松便捷的准入环境、培育创业创新公共平台、鼓励农村劳动力创业、加强创业服务和培训等措施，构建有利于大众创业、万众创新蓬勃发展的政策环境、制度环境和公共服务体系，积极推进创业带动就业、创新促进发展。这为有志于创业的青年搭建了成长成才和建功立业的平台。

更宽的升学渠道。近年来，我国加快构建职普融通、产教融合的职业教育体系，出台了一系列旨在推进职业教育高质量协调发展的政策措施，为我们提供了多种深造机会。建立“职教高考”制度，完善“文化素质 + 职业技能”考试招生办法，为学生接受高等职业教育提供多种入学方式和学习方式，畅通技术技能人才成长渠道。在学前教育、护理、家政、养老、健康服务、先进制造业、现代服务业等领域，适度扩大中高职贯通招生规模。统筹普通教育、职业教育和继续教育，为各类群体提供灵活多样的升学和培养模式。

### 相关链接

2021 年 10 月，中共中央办公厅、国务院办公厅印发了《关于推动现代职业教育高质量发展的意见》，提出要推进不同层次职业教育纵向贯通。

- 大力提升中等职业教育办学质量。
- 支持有条件的中等职业学校根据当地经济社会发展需要试办社区学院。
- 推进高等职业教育提质培优。
- 稳步发展职业本科教育，高标准建设职业本科学校和专业。
- 一体化设计职业教育人才培养体系。
- 鼓励应用型本科学校开展职业本科教育。

### 启思导行

● 畅想到 2035 年、2050 年时，我国经济社会发展状况、你所从事的职业和你的生活状况，填写下表。

| 内容 | 2035 年 | 2050 年 |
| --- | --- | --- |
| 我的年龄 | | |
| 我国经济社会发展状况 | | |
| 我所从事的职业 | | |
| 我的生活状况 | | |

## 二、做新时代追梦人

### 1. 新时代，新要求

阅读与思考

第 45 届世界技能大赛中国代表团

在 2019 年第 45 届世界技能大赛上，中国选手们勇于挑战、奋勇拼搏，共获得 16 枚金牌、14 枚银牌、5 枚铜牌和 17 个优胜奖，蝉联金牌榜、奖牌榜、团体总分第一。在获得金牌的项目中，数控铣、焊接 2 个项目实现“三连冠”，车身修理、砌筑、花艺、时装技术 4 个项目蝉联冠军，建筑石雕、混凝土建筑、水处理技术 3 个项目首次参赛便勇夺金牌。

在 2022 年世界技能大赛特别赛上，中国选手们追求卓越、再接再厉，共获得 21 枚金牌、3 枚银牌、4 枚铜牌和 5 个优胜奖，金牌榜和团体总分再次位居第一。更为可喜的是，移动应用开发、云计算、抹灰与隔墙系统、精细木工等多个项目都实现了金牌“零”的突破。

汗水沉淀从容，奋斗凝聚底气。“只有千锤百炼、精益求精，才能应对各种挑战。”“想做好一件事，必须付出百分百的努力。”“最终站上领奖台的那一刻，感觉所付出的汗水一下子就值了。”经历漫长备赛时光，在梦想面前“吃下苦”“沉住气”，最终以非凡技艺登上世界技能高峰，这群年轻的中国“小匠”，向全世界展示了中国青年精益求精的技能水平、昂扬向上的精神面貌，用实际行动践行了技能成才、技能报国的青春誓言。

● 结合材料和时代要求，谈谈你的梦想是什么，中国选手们在世界技能大赛中的夺金感言对你实现梦想有哪些启示。

我们面临的新时代，既是近代以来中华民族发展的最好时代，也是实现中华民族伟大复兴的最关键时代。我们生逢其时，施展才干的舞台无比广阔，实现梦想的前景无比光明。新时代，我们要以实现中华民族伟大复兴为己任，不辜负党的期望、人民期待、民族重托，不辜负这个伟大时代。

树立远大理想。人生目标会有不同，职业选择也有差异，但只有把自己的小我融入祖国的大我、人民的大我之中，与时代同步伐、与人民共命运，才能更好实现人生价值、升华人生境界。我们要树立对马克思主义的信仰、对中国特色社会主义的信念、对中华民族伟大复兴中国梦的信心，到人民群众中去，到新时代新天地中去，让理想信念在创业奋斗中升华，让青春在创新创造中闪光。

热爱伟大祖国。热爱祖国是立身之本、成才之基。当代中国，爱国主义的本质就是坚持爱国和爱党、爱社会主义高度统一。我们要听党话、跟党走，胸怀忧国忧民之心、爱国爱民之情，不断奉献祖国、奉献人民，以一生的真情投入、一辈子的顽强奋斗来体现爱国主义情怀，让爱国主义的伟大旗帜始终在心中高高飘扬。

> 爱国，是人世间最深层、最持久的情感，是一个人立德之源、立功之本。
>
> ——习近平

担当时代责任。时代呼唤担当，民族振兴是青年的责任。在实现中华民族伟大复兴的新征程上，需要迎难而上、挺身而出的担当精神。我们要珍惜这个时代、担负时代使命，在担当中历练，在尽责中成长，让青春在新时代改革开放的广阔天地中绽放，让人生在实现中国梦的奋进追逐中展现出勇敢奔跑的英姿，努力成为德智体美劳全面发展的社会主义建设者和接班人。

勇于砥砺奋斗。奋斗是青春最亮丽的底色。民族复兴的使命要靠奋斗来实现，人生理想的风帆要靠奋斗来扬起。奋斗不只是响亮的口号，而是要在做好每一件小事、完成每一项任务、履行每一项职责中见精神。我们要勇做走在时代前列的奋进者、开拓者、奉献者，毫不畏惧面对一切艰难险阻，在劈波斩浪中开拓前进，在披荆斩棘中开辟天地，在攻坚克难中创造业绩，用青春和汗水创造奇迹。

> 伟大梦想不是等得来、喊得来的，而是拼出来、干出来的。
>
> ——习近平

### 相关链接

习近平在2018年春节团拜会上的讲话中指出：我在今年的新年贺词中说过，幸福都是奋斗出来的。今天，我还要说，奋斗本身就是一种幸福。只有奋斗的人生才称得上幸福的人生。奋斗是艰辛的，艰难困苦、玉汝于成，没有艰辛就不是真正的奋斗，我们要勇于在艰苦奋斗中净化灵魂、磨砺意志、坚定信念。奋斗是长期的，前人栽树、后人乘凉，伟大事业需要几代人、十几代人、几十代人持续奋斗。奋斗是曲折的，“为有牺牲多壮志，敢教日月换新天”，要奋斗就会有牺牲，我们要始终发扬大无畏精神和无私奉献精神。奋斗者是精神最为富足的人，也是最懂得幸福、最享受幸福的人。正如马克思所讲，“历史承认那些为共同目标劳动因而自己变得高尚的人是伟大人物；经验赞美那些为大多数人带来幸福的人是最幸福的人”。

练就过硬本领。当今时代，知识更新不断加快，社会分工日益细化，新技术新模式新业态层出不穷。这既为我们施展才华、竞展风采提供了广阔舞台，也对我们的能力素质提出了新的更高要求。我们要增强学习紧迫感，如饥似渴、孜孜不倦学习，努力学习马克思主义立场观点方法，努力掌握科学文化知识和专业技能，努力提高人文素养，在学习中增长知识、锤炼品格，在工作中增长才干、练就本领，以真才实学服务人民，以创新创造贡献国家。

**相关链接**

2016年9月，《中国学生发展核心素养》研究报告发布，提出了中国学生核心素养体系总框架。该框架以培养“全面发展的人”为核心，包括文化基础、自主发展、社会参与三个方面，综合表现为人文底蕴、科学精神、学会学习、健康生活、责任担当、实践创新六大素养，具体细化为国家认同、社会责任、劳动意识、健全人格等十八个基本要点。

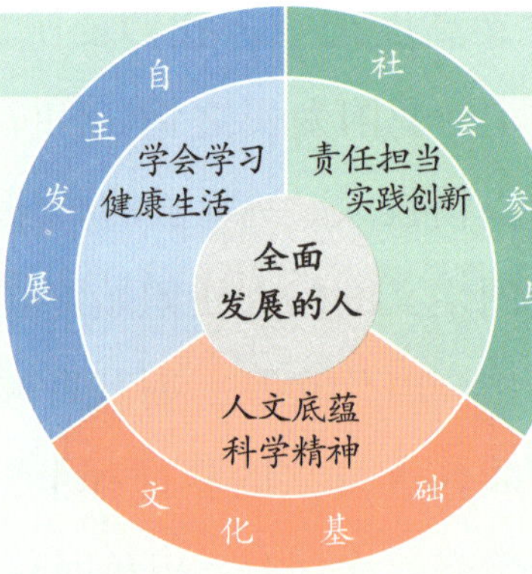


锤炼品德修为。人无德不立，品德是为人之本。我们要把正确的道德认知、自觉的道德养成、积极的道德实践紧密结合起来，不断修身立德，打牢道德根基，在人生道路上走得更正、走得更远。我们要自觉树立和践行社会主义核心价值观，善于从中华民族传统美德中汲取道德滋养，从英雄人物和时代楷模的身上感受道德风范，从自身内省中提升道德修为，明大德、守公德、严私德，自觉抵制拜金主义、享乐主义、极端个人主义、历史虚无主义等错误思想，自觉弘扬劳动精神、奋斗精神、奉献精神、创造精神、勤俭节约精神，追求更有高度、更有境界、更有品位的人生。

## 2. 树立符合时代要求的职业理想

**阅读与思考**

小杨在中职学校读的是汽车制造与检测专业。他的职业理想是成为一名优秀的技术工人，为民族汽车品牌的振兴作出贡献。在校期间，他认真学习、积极实践，始终朝着这个目标努力，获得“三好学生”“优秀毕业生”等荣誉称号。

毕业后，小杨进入一家民营汽车公司，在总装车间当装配工。他牢记着自己的理想，时刻告诫自己：理想不是一朝一夕就能实现的，靠的是持之以恒的努力，要干好当前的每一项工作。

就这样，小杨一步一个脚印地在职业生涯发展道路上前进，在参加工作7年后，26岁的他便成为一线技术工人中的佼佼者。

- 职业理想对小杨的成长有什么作用？

职业是从业人员为获取主要生活来源所从事的社会工作类别，是不同行业和组织中存在的一组类似职位的集合。职业既是个人在社会中生存、发展的手段，又是实现人生价值、为社会作贡献的舞台。我们通过职业活动发展和完善自我，满足生活中的需要，获得精神上的愉悦。

职业只有分工不同，没有高低贵贱之分，任何一份职业都有其独特的社会贡献。社会对人才的需求是多样的，“三百六十行，行行出状元”。无论干什么，只要热爱本职工作，勤奋努力，就能作出优异的成绩。我们要充分发挥自己的长处和优势，干一行、爱一行、钻一行，努力成为建设伟大祖国的栋梁之材。

职业理想是个人对未来所从事职业的向往和追求，是人生理想的重要组成部分。人们对美好生活的向往和追求往往通过具体、实际的职业活动来实现。职业理想是职业生涯发展的方向，让我们知道朝着什么方向努力，激励我们持久而坚定地追求既定目标。个人职业理想的实现，有助于推动国家的发展、社会的进步。

个人的向往和追求只有同社会的需要和人民的利益相一致，才可能变为现实。中国特色社会主义进入新时代，新时代属于每一个人，每一个人都是新时代的见证者、开创者、建设者。新时代要求我们肩负起全面建设社会主义现代化国家、实现中华民族伟大复兴的历史使命，立大志、明大德、成大才、担大任。我们要与新时代同向同行，坚定前进信心，把个人的命运与国家的前途和人民的命运联系在一起，将个人的职业理想同中华民族伟大复兴的中国梦结合起来，自觉将个人的发展融入国家和社会的发展中，在为实现中华民族伟大复兴而奋斗的过程中实现个人职业理想。

> 在选择职业时，我们应该遵循的主要指针是人类的幸福和我们自身的完美。
>
> ——马克思

### 相关链接

社区网格员，是运用现代城市网络化管理技术，巡查、核实、上报、处置市政工程（公用）设施、市容环境、社会管理事务等方面的问题，并对相关信息进行采集、分析、处置的人员。新冠疫情发生后，社区网格员们坚守在疫情防控第一线，是我国打赢疫情防控阻击战的重要力量。

除了社区网格员，区块链工程技术人员、互联网营销师、社群健康助理员等新职业也陆续涌现。这些新职业的产生，顺应了社会需求，反映了在社会发展过程中管理越来越精细化的趋势。这些新职业能够提供更多的就业机会，为社会创造更多的产品和服务价值。

## 启思导行

采访本校或本专业优秀毕业生，请他们分享学生时的职业理想，分析他们的职业理想对其从业后职业发展的作用。简要列出你认为符合时代要求和自身实际的职业理想，并阐述理由。填写下表。

| 优秀毕业生 | 学生时的职业理想 | 职业理想对其从业后职业发展的作用 |
| --- | --- | --- |
| | | |
| | | |
| | | |
| | | |
| 我的职业理想及理由： | | |

# 第2课
# 生涯规划　筑梦未来

职业生涯像一次漫长的旅行，而职业生涯规划就是这次旅行的导航图。职业生涯规划帮助我们明确目标和方向，并找到实现目标的各种路径。学习本课，我们将了解职业生涯的内涵与特点，理解职业生涯规划的重要性，懂得职业生涯规划的过程也是促进个人成长的过程。

## 一、认识职业生涯

### 1. 什么是职业生涯

**阅读与思考**

小鹿的爷爷出生在一个瓷器绘画世家，从小耳濡目染，对绘制瓷器产生浓厚兴趣。初中毕业后，他就进入专门学校，系统学习文化知识和瓷器绘画技艺。

从学校毕业后，小鹿的爷爷入职陶瓷工厂，成为一名瓷器画师。在工厂里，他每天虚心向厂里的老师傅学习，并积极参加厂里的培训班，学到了不少新技艺，逐渐成为陶瓷厂的骨干。

后来，小鹿的爷爷开设了自己的工作室，开始自主创业，不断尝试和学习新的绘画手法，慢慢成为远近闻名的瓷器绘画高手。随着经验的增长，他又开办了一家瓷器绘画学校，致力于培养新一代瓷器画师，成为德高望重的师傅。

退休后，小鹿的爷爷便基本离开了瓷器绘画的工作岗位，开始享受美好的老年生活，偶尔也与以前的同事探讨行业发展前景，为年轻人解答工作中遇到的问题。

● 小鹿的爷爷的职业生涯可以分为几个阶段？

职业生涯，是一个人一生中以职业为核心所串联起来的全部经历。有的人一生中只从事一种职业，有的人一生中会从事很多种职业。职业生涯是一个人一生通过职业准备、职业发展，不断追求职业理想的过程。

## 相关链接

南宋著名文学家洪迈在其所著的《容斋随笔》中提到人生五计“生计、身计、家计、老计、死计”，他认为人生各个阶段应完成不同的任务。结合现代职业生涯发展理论，我们可以把这五计概括描述为以下内容。

人生五计

| | |
|---|---|
| 生计 | 人在小的时候要吃饱穿暖、生存下去。 |
| 身计 | 青少年期，要勤奋学习、志向高远，思考自己如何在社会中立身，明确自己的社会位置。 |
| 家计 | 年岁慢慢增长，人开始成家立业，要维持家庭的温饱与和乐。 |
| 老计 | 白发渐增，心力犹存，人开始颐养天年、怡然自得。 |
| 死计 | 明白人生必然的归宿，回顾人生而未有悔恨，从容面对人生结束。 |

一般来说，职业生涯可以划分为五个阶段：成长阶段、探索阶段、建立阶段、维持阶段和退出阶段。

成长阶段，从出生开始，到完成义务教育阶段的学业为止。在这一阶段，主要是发展和了解自己，学习知识、提高能力，并初步认识各种职业。

探索阶段，从初中毕业开始，到正式走上工作岗位为止。在这一阶段，除了继续认识和完善自我，学习知识与掌握技能，更要通过多种方式深入认识职业，做好职业生涯规划，为首次就业做好准备，为未来的职业生涯发展奠定基础。

建立阶段，从走上工作岗位开始，一直到达到事业高峰期。在这一阶段，要熟悉职场规范，适应职业要求，融入组织文化；学习职业技能，提高工作能力；重新评估职业生涯，强化或调整自己的职业理想；努力工作，不断获得能力、职位、影响力等方面的提升。

维持阶段，从达到事业高峰期开始，到完全离开工作岗位之前。这一阶段的主要任务是巩固已有的成绩，游刃有余地完成日常工作，与年轻人分享工作经验，给予其指导和帮助，并开始计划和安排退休之后的生活。

退出阶段，从离开工作岗位算起，至人生的尽头。这一阶段没有工作的压力，在前期的工作积累和社会保障的支持下，可以比较自由地支配时间，做自己想做的事情，享受生活乐趣。

当今社会迅速发展，知识不断升级，新事物不断涌现，人们的职业生涯发展变化增多。我们不能故步自封，要坚持终身学习，在职业生涯的各个阶段，积极应对变化和挑战，善于思考，动态规划。活到老、学到老、干到老，是我们在职业生涯发展中必须坚持的理念。

> 路曼曼其修远兮，吾将上下而求索。
>
> ——屈原

## 2. 职业生涯有特点

### 阅读与思考

“大国工匠”潘从明，是一位冶炼高级技师，先后获得“全国五一劳动奖章”“全国劳动模范”“全国技术能手”等荣誉。

1996 年，潘从明从技工学校铸造专业毕业，被安排到贵金属提纯岗位工作。面对陌生的领域，他抓住一切学习机会，虚心向经验丰富的师傅请教。不出几年，他就成为贵金属提纯领域的行家里手。他还在单位的支持下，边工作边学习冶金工程专业课程，解决自己在工作中遇到的问题。

在多年的工作实践中，潘从明练就了一双“火眼金睛”——他能通过铂族贵金属溶液的颜色，精准判断出它的纯度。他发明的颜色判断法作为铂族贵金属精炼师的“绝技绝活”，在国内外被广泛应用。潘从明并未止步于此，他在技术创新的路上锲而不舍、精益求精，主导完成技术创新项目百余项，成为铂族稀贵金属提炼核心技术的传承人和创新者，为我国贵金属冶金技术的发展作出了巨大贡献。

一步一个脚印，潘从明就这样完成了从一名学徒到普通工人、高级技师，再到国家级技能大师，最后成为“大国工匠”的跨越。

- 结合材料，谈谈潘从明是如何成长为“大国工匠”的。

职业生涯具有独特性、发展性、阶段性和互动性四个方面的特点。

独特性。每个人的职业生涯各不相同。即使是从事相同职业、具有相同发展轨迹的人，由于个人条件、所处环境、职业理想以及付出的努力程度不同，他们的职业生涯也不会完全一样，有着自己独特的历程。

发展性。每个人的职业生涯，伴随着个人的成长，都在不断发展变化，而且发展过程也各不相同。有的人终身从事同一种职业，有的人会因为社会环境、兴趣能力或机遇等调整自己的职业。有的人职业发展速度快，有的人职业发展平缓；有的人职业发展较为顺利，有的人职业发展会遭遇挫折。每个人都需要积极适应自己职业生涯的发展变化。

## 相关链接

根据多元智力理论，人的智力包括言语—语言智力、逻辑—数理智力、视觉—空间智力、音乐—节奏智力、身体—动觉智力、交往—交流智力、自知—自省智力和自然观察智力。每个人都是多种智力组合的个体，每个人都有自己的优势智力和特定的智力组合。

人的智力可以通过后天不同科目的学习或者实践活动得到训练。我们可以寻找自己擅长的智力领域，从事适合自己的工作；也可以通过训练，培养和提升相关技能，更好地适应工作。

阶段性。在职业生涯的不同阶段，有不同的目标与任务。每个阶段都是前一个阶段的延续，同时也为后一个阶段做好铺垫。对于我们来说，现在积极为职业生涯做好准备，有利于以后各个阶段的发展。

互动性。每个人的职业生涯，都是个人与他人、个人与社会互相作用的结果。个人的职业生涯会受到多种因素的影响，不同的人在同样的社会条件下，会产生不同的生涯发展结果。个人的职业生涯发展，也会对这些影响因素产生反作用。

## 启思导行

● 查询“时代楷模”“大国工匠”等先进人物的事迹，总结归纳他们职业生涯的阶段与特点，填写下表，并在课堂上交流学习。

| 先进人物 | 事迹 | 职业生涯阶段 | 职业生涯特点 |
| --- | --- | --- | --- |
| | | | |
| | | | |
| | | | |

## 二、走进职业生涯规划

### 1. 职业生涯需规划

#### 阅读与思考

我一入学就有规划，现在已经在企业实习了。我想在营销岗位上锻炼三到五年，然后创业。

我要努力学习，争取上高职继续深造。

走一步看一步，把自己要做的事情做好就行。

如果发现工作不适合自己，那就换呗，没必要做规划，反正我还年轻。

- 说说你对上述观点的看法。
- 职业生涯规划对我们的发展有什么帮助？

职业生涯规划，是一个人对自己职业前景的展望，是对自己职业发展道路的设想和谋划。“凡事预则立，不预则废。”职业生涯规划对个人职业发展具有重要意义。

职业生涯规划可以帮助我们明确发展目标。有目标，才会有前进的方向和奋斗的动力。清晰而明确的发展目标，会让我们在职业生涯中少走弯路，朝着既定的职业理想不断努力。

职业生涯规划可以帮助我们扬长补短。“扬长”即发挥自己的长处；“补短”即弥补自己的短处，并有意识地不断缩小自身条件与发展目标的差距。在校时，我们要扬长补短，主动适应未来从事职业的要求；择业时，我们要扬长避短，选择适合自己的职业。

## 相关链接

短板理论强调补短，又称“木桶理论”。盛水的木桶是由许多块木板箍成的，盛水量也是由这些木板共同决定的。若其中一块木板很短，则盛水量就被短板限制。若要使木桶盛水量增加，就需要换掉短板或将短板加长。

长板理论强调扬长，又称“斜木桶理论”。将木桶向长板倾斜，从而装下更多的水，此时盛水量主要由最长的那根木板决定。在所有的木板中，我们要集中关注长板，使自己的长板一直保持领先的优势，发挥到极致，并用长板来补充短板的不足或慢慢修补短板。

职业生涯规划可以帮助我们提高执行力。再远大的职业理想，如果没有规划和行动，就会变成空想。切实可行的职业生涯规划，能增强学习的目的性与计划性，帮助我们找准努力的方向；能增进对专业的了解和热爱，促使我们执着专注，更好地发挥潜能；能鞭策我们直面困难和挑战，把握发展的机会，努力朝着目标前进。

## 2. 面向未来的职业生涯规划

### 阅读与思考

小康和小林都是中职学校生态环境保护专业的学生，但是他们的职业生涯规划却大不相同。小康结合自身实际和所学专业，制订了未来开办公司的中长期规划。毕业后，他如愿进入一家技术领先的创新型环保公司。在工作中，他一边学习专业知识、提升自己的业务能力，一边有意识地利用各种机会了解公司运营和行业发展模式。十年后，小康意识到国家越来越重视环保，而自己已有很好的经验积累，于是，他开设了一家污水处理公司，成功实现了自己的职业理想。

与小康不一样，小林总觉得自己的专业没有前途，毕业后选择进入与自己所学专业不太相关的金融行业。由于没有足够的知识积累和专业支撑，小林尽管努力学习，但始终无法取得理想的业绩，工作压力很大。小林心灰意冷，离开了金融行业，又希望碰碰运气，便辗转于多个行业，却始终收获不大。

- 小康和小林为什么会有不同的职业生涯发展轨迹？

职业生涯规划要与社会发展相一致。社会大环境为我们提供了生存条件和发展机会。要把个人发展与经济社会发展紧密联系起来，正确认识和处理“职业选人”与“人选职业”的关系，提高适应社会的能力。

### 相关链接

《中国制造2025》是我国实施制造强国战略第一个十年的行动纲领，提出：大力推动重点领域突破发展，瞄准新一代信息技术、高端装备、新材料、生物医药等战略重点，引导社会各类资源集聚，推动优势和战略产业快速发展。

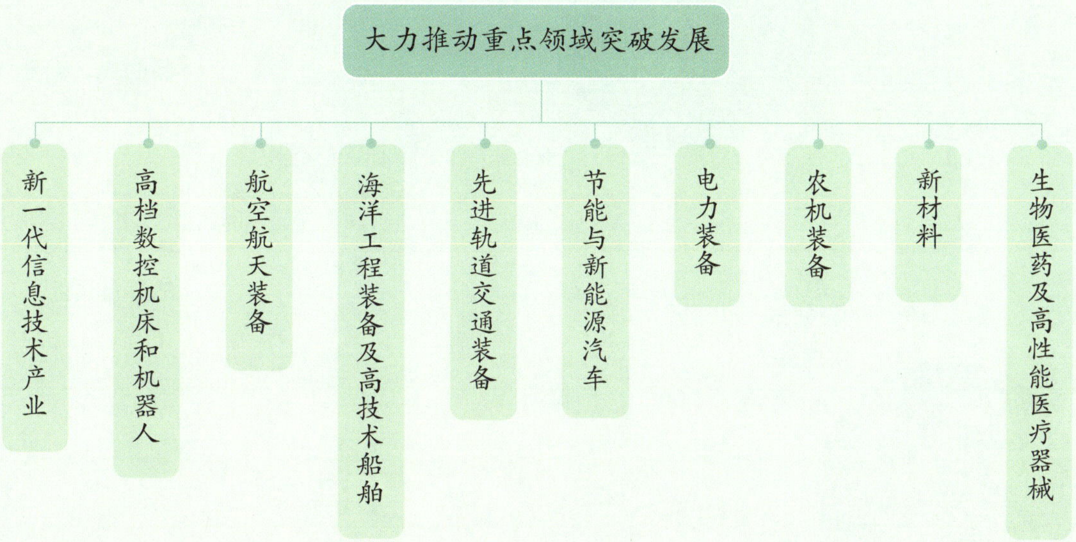


职业生涯规划要以自身实际为出发点。作为“准职业人”，要从自身实际出发，了解自己的性格特点、兴趣爱好、优势和劣势等，明确自己的职业理想，制订适合自己的职业生涯规划。

职业生涯规划要立足所学专业。专业技能是我们未来就业和职业发展的基础。要干一行、爱一行、钻一行，深入了解自身的专业优势，对照职业要求，掌握专业知识和专业技能，注重实践应用，提升竞争力。

### 启思导行

● 从自身实际和所学专业出发，感悟职业生涯规划的重要性，简要写在下面的横线上，并与同学交流。

______________________________

______________________________

# 内容概览

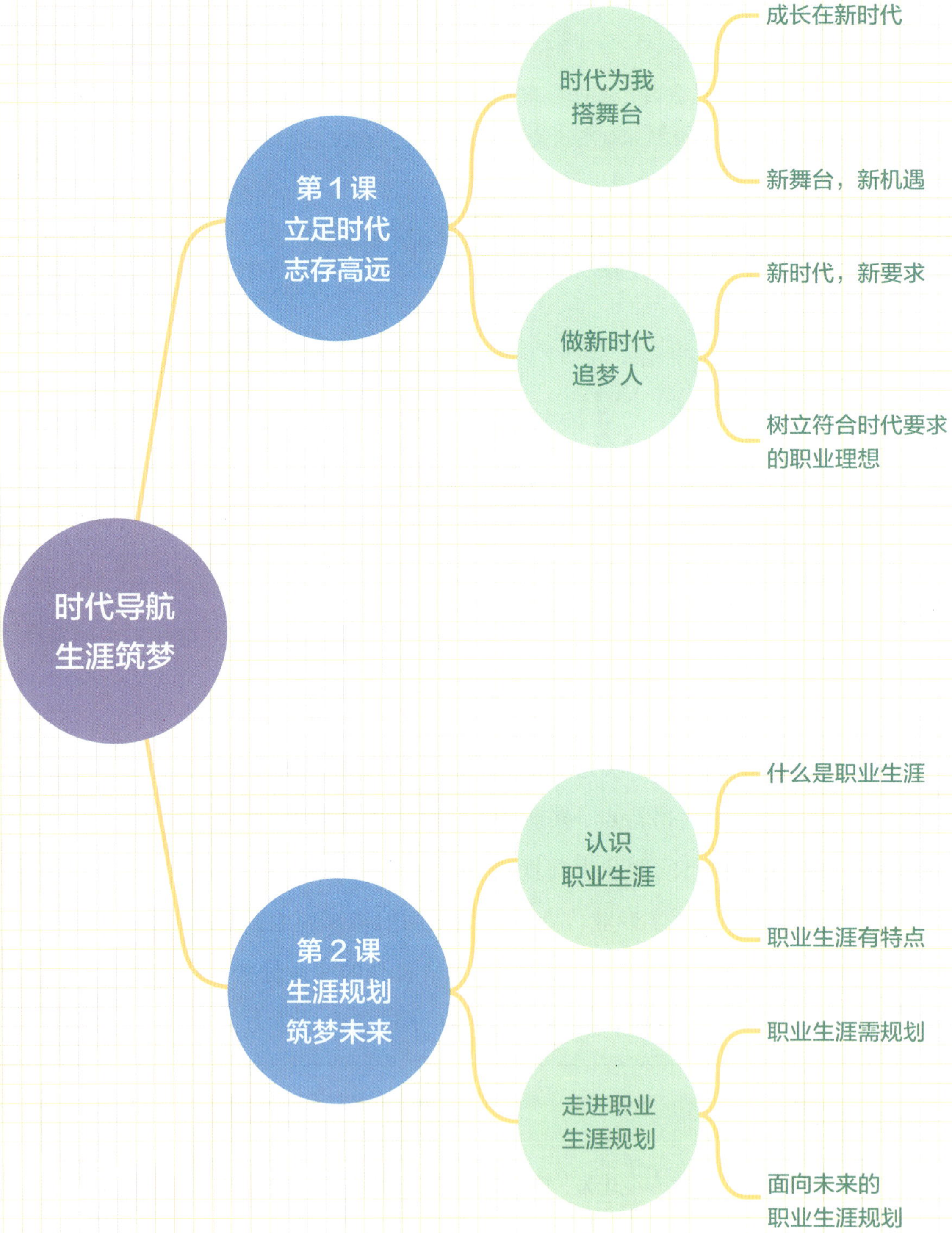
时代导航
生涯筑梦
第 1 课
立足时代
志存高远
时代为我
搭舞台
成长在新时代
新舞台，新机遇
做新时代
追梦人
新时代，新要求
树立符合时代要求
的职业理想
第 2 课
生涯规划
筑梦未来
认识
职业生涯
什么是职业生涯
职业生涯有特点
走进职业
生涯规划
职业生涯需规划
面向未来的
职业生涯规划

# 学以致用

## 关注社会发展　重视生涯规划

### ▶活动目标

1. 认识个人梦想的实现离不开社会发展的大环境，理解职业生涯规划对个人发展的重要意义。

2. 树立正确的职业观、成才观，坚定专业学习的信心。

3. 确立符合时代要求的职业理想。

### ▶活动任务与建议

**任务一：以“新时代为我们的职业发展提供了怎样的舞台”为议题，探讨个人职业理想与社会发展之间的关系**

1. 可分组搜集资料，了解党的十八大以来所学专业对应的行业或领域取得的重大成就，分析这些成就为我们的个人成长提供了哪些机遇。

2. 可分组采访一两位已经工作的学长或亲人，了解社会发展大环境对他们成长经历的影响，说说他们的经历对自己的启发。

3. 可通过搜集资料，进行角色扮演，展现不同时代背景下不同人的职业选择，探讨个人价值的实现与时代背景的关系。

**任务二：以“新生活从确定目标开始”为议题，探讨职业生涯规划的意义**

1. 可挑选励志影视作品或文学作品，分析作品中的人物是如何确立个人梦想和奋斗目标的，以及他们的梦想和目标对其人生发展的影响。

2. 可观看《大国工匠》《超级工程》等专题纪录片，并撰写观后感，领悟职业理想对人生发展的引导作用，坚定专业学习的信心。

3. 可列出自己的职业理想，并逐步拆分为不同层次的目标（如 30 年目标、10 年目标、5 年目标等）。将这些目标与自己的现状相对照，分析当前的自己与目标之间的差距。

**任务三：以“做新时代追梦人”为议题，探讨如何确立符合新时代要求的职业理想**

1. 可分组搜集习近平关于青年成长的讲话内容，学习新时代党和国家对青年的要求，反思个人现状与国家要求之间的差距，总结改进的方法和途径，并在班级分享。

2. 可观看劳动模范等先进人物的专题纪录片或与优秀模范人物对话，撰写观后感或访谈录，探讨如何树立正确的职业观、成才观，以及如何确立符合新时代要求的职业理想。

## ▶活动评价

| 评价内容 | 评价人员 | 评价方式 | 评价维度 | | | | | | 总结反思 |
|---|---|---|---|---|---|---|---|---|---|
| | | | 语言表达 | 问题分析 | 事件处理 | 成果呈现 | 个人状态 | 团队合作 | |
| | | | | | | | | | |
| | | | | | | | | | |
| | | | | | | | | | |

说明：

- 评价人员：本人、同学、家长、教师等。
- 评价方式：采用赋分评价、评语结论评价等。
- 评价维度：语言表达是否清晰准确，问题分析是否全面准确，事件处理是否恰当，成果呈现是否完整，个人状态是否积极，团队合作是否有效。
- 总结反思：从成效、改进措施等方面进行。

第二单元

# 认识自我 健康成长

青少年阶段是人生的“拔节孕穗期”，我们朝气蓬勃，怀揣着对美好生活的向往，渴望成长为有理想、有本领、有担当的时代新人。我们有时也会对自己的未来感到迷茫；我们面对挫折时，也会感到手足无措；我们希望理性平和，有时却会被自己的情绪波动所困扰；我们憧憬美好的爱情，却往往会经历青春萌动的烦恼……

在本单元，我们将走进自己的内心世界，学会从自我评价和他人评价中全面、客观地认识自我；正确认识职业理想和现实的关系，直面困难和挫折，掌握应对挫折的方法，提高抗逆力；认识情绪的基本特征和成因，提高情绪管理能力，做一个自尊自信、理性平和、积极向上的人；了解青春萌动的原因，掌握性健康知识，养成健康的生活方式。

# 第3课
# 发现自我　完善自我

在人类发展的历史长河中，认识自我、完善自我一直是每个人重要的人生课题。当前，我们正处在人生最美好的时期。学习本课，我们将掌握认识自我的方法，并在认识自我的基础上学会接纳自我和完善自我。

## 一、认识自我

### 1. 我是谁

**阅读与思考**

我今年16岁，女生，身高162厘米，我觉得我的眼睛最好看。

我现在是一名中职学校护理专业的学生。我的职业理想是在医院做一名高级护理师。

我非常喜欢唱歌、跳舞，学习相关技能的时候总是精神百倍，学得特别快。

我最擅长的体育运动是打乒乓球。

我喜欢帮助同学，人缘很好，有许多朋友。

我的生活准则是：老老实实做人，踏踏实实做事。

我最大的优点是：乐观开朗，不怕困难。

我的缺点是：做事不够细心，有时候还会犯“拖延症”。

我相信未来的自己会越变越好！

- 这位同学是从哪些方面介绍自己的？
- 你会如何向别人介绍自己？

心理健康是人在成长和发展过程中自我认识恰当、情绪体验良好、认知效能良好、行为举止适当、人际交往良好、环境适应良好的一种状态。心理健康是个人健康的重要组成部分，会对身体健康产生重要影响。只有心理健康，个体才能应对正常的压力，富有成效地学习与工作，实现个人成长，并对国家和社会发展作出贡献。

## 相关链接

心理健康主要体现在以下方面。

**心理健康**

- **自我认识恰当**：能够较为准确地了解自己，对自己的能力作恰当的评估，具有良好的自我价值感，对自己的总体评价较为积极。
- **情绪体验良好**：情绪总体上积极稳定，能够有效地调节情绪。
- **认知效能良好**：在学习、工作与生活中能够正常发挥自己的能力，包括注意、记忆、思维等能力，能够完成学习与工作任务，解决各种问题。
- **行为举止适当**：行为符合道德规范要求，不违背公序良俗。
- **人际交往良好**：既能感受到他人的支持和关爱，又能主动与他人交往并关心理解他人。
- **环境适应良好**：能够恰当地认识现实，适应不同的、变化的环境，遇到挫折和困难时能够有效调适。

全面准确地认识自我是个体心理健康的基本标准之一，也是个体未来成长成才的重要基础。一般来说，可以从生理、心理和社会三个不同方面来认识自我。

生理我是对自身身高、体重、性别、相貌等生理特征的认识；心理我是对自身兴趣、性格、能力、价值观等心理特征和心理过程的认识；社会我是对自身所扮演的社会角色，在家庭、学校和社会中的地位等自我与他人、社会之间关系的认识。

## 相关链接

以下是小张对自我的认识。

**生理我** + **心理我** + **社会我**

**生理我**
- 我个子不高。
- 我觉得我很帅。
- 我是男生。

**心理我**
- 我对机械加工技术很感兴趣。
- 我是一个诚实守信的人。
- 我是个外向的人。

**社会我**
- 我在家里是哥哥。
- 我是中职生。
- 我是班干部。

通过认识自我，我们可以找到自己的优点和长处，提升自尊和自信；可以知道自己的缺点和短处，为完善自我提供方向和动力；可以发现自己的潜能，用擅长的学习方式提高专业学习的效率；可以发现自己的兴趣、性格和价值观，树立与自我相符的职业目标，找准职业定位，明晰职业使命。

> 横看成岭侧成峰，远近高低各不同。不识庐山真面目，只缘身在此山中。
>
> ——苏轼

## 2. 认识自我的方法

### 阅读与思考

柳比歇夫是一名昆虫学家、哲学家、数学家，他是非常博学的人，一生撰写了70余部学术著作，涵盖了动物学、哲学、数学等多个领域。

柳比歇夫有一种独特的自我观察方法：从26岁起，他就每天记录自己在各项活动上花费的时间，如分类昆虫学（画两张无名袋蛾的图）——3小时15分，并定期进行统计、分析和总结，以此改进工作方法，计划未来事务，提高时间利用率。

长期的自我观察和记录，让柳比歇夫能够客观而深入地了解自己，精准地把握自己的时间，甚至能够不用手表就准确地估计时间的流逝。正是这种极致的自我认识，让柳比歇夫更好地掌控了自己的生活，度过了极其高效而多产的一生。

- 柳比歇夫是通过什么方法来认识自我的？
- 你还能说出哪些认识自我的方法？

认识自我的方法多种多样，主要有以下三种。

自我觉察，即对自己进行细致的观察和思考。可以用文字、视频、语音等多种形式，记录自己在不同场景下的行为、想法和情绪感受。然后，根据这些记录的内容来分析自己的行为习惯、思维模式和情绪规律。也可以将自己的过去、现在与设想的未来进行比较，寻找发展变化的轨迹。还可以比较自己的预期和实际之间的异同，进而充分认识自我。

> 夫以铜为镜，可以正衣冠；以古为镜，可以知兴替；以人为镜，可以明得失。
>
> ——李世民

## 相关链接

自我觉察，是一种观察和认识自己的方法。自我觉察的对象包括：自己的身高、形体、容貌等，自己的感知、记忆、思维、智力、气质、性格、需要、价值观等，自己在社会关系中的角色、地位、权利、义务等。

善于自我觉察的人，会更恰当地认识自我，往往能够作出更明智的决策，建立更满意的人际关系，有助于获得更好的职业发展。

他人反馈，是认识自我的另一种方式。可以广泛搜集同学、朋友、亲人、老师等对我们各方面的评价和反应，认真记录和比较他们的反馈，进行理性分析和总结，从中获取有关自我的信息，全面了解自我。

社会比较，即与周围其他人进行比较。可以选择不同的具体比较对象，搜集有关比较对象的具体信息，理性地分析自己与比较对象的相同点和差异点。还可以接受专业化的心理测验，通过科学的测验结果，全面深入地认识自我。

认识自我的方法不同，搜集到的信息也会有所不同。有时候，我们会从不同渠道得到关于自我的不同甚至相互矛盾的信息。因此，在搜集到关于自我的不同信息之后，我们还要学会对信息进行理性分析和整合，最终得出关于"我是谁"的全面而客观的答案。

## 启思导行

● 小组交流，每位同学至少用三个词来描述自己和同学的特点，比较自己眼中的"我"与同学眼中的"我"的异同，并填写下表。

| 描述人 | "我"的特点 | 活动启发 |
| --- | --- | --- |
| 自己 | | |
| 同学1 | | |
| 同学2 | | |
| 同学3 | | |
| …… | | |

## 二、接纳和完善自我

### 1. 接纳自我

**阅读与思考**

小程从小活泼好动、喜欢说话。他想让自己表现得成熟一些，于是便在日常生活中尽量克制自己，少说话。

后来，小程进入中职学校学习市场营销专业。在学习和实习的过程中，他发现自己热情活泼、喜欢与人沟通的性格，不仅不是缺点，反而是优势。当他展现热情和活力的时候，经常受到同学、老师和顾客们的肯定和表扬。

小程渐渐觉得：也许，做真实的自己，并不是一件坏事。

- 小程接纳自我后，发生了哪些改变？
- 我们如何更好地接纳自我？

接纳自我，是个体对自我采取积极的态度，在充分、深入地认识自我的基础上，正确对待自己的优点和缺点，认可自己的想法、行为和情绪。只有真正接纳自我，才可以找到适合自己的位置，实现自己独特的价值；只有真正接纳自我，才可以进一步接纳不完美的他人，与他人和谐共处。一个善于接纳自我的人，一定是充满自尊和自信的人，会充分尊重自己并相信自己的能力和潜力。

**相关链接**

自尊，指的是一个人对自己的个性、能力和行为的总体评价，以及由这种评价而产生的情感体验。高自尊的人，对自己的总体评价是积极的，觉得自己具有很多优秀品质，会非常喜欢和热爱自己；低自尊的人，对自己的总体评价是消极的，觉得自己不如别人甚至一无是处，会对自己感到失望甚至厌恶。

接纳自我，就要学会善待自己。可以像对待自己最珍重的亲人、朋友那样，友好地对待自己，学会自我关怀。比如，保持健康饮食、充足睡眠、适当运动。也可以通过文字、说话等方式，进行有意识的自我对话，帮助自己更好地平衡心态、接纳自我。取得成绩时，告诉自己“你做得真棒”，同时提醒自己不要骄傲；遇到挫折时，告诉自己“没关系，失败是正常的”“勇敢站起来，继续努力”。

接纳自我，就要正确对待他人的评价。要清醒地分析和认识他人的反馈，从中提取客观而积极的信息。对于他人的赞扬和鼓励，要客观冷静，看到自己真正的优点和需要改进的地方；面对他人的批评和指责，要正确区分，有则改之，无则加勉。从他人的评价中汲取力量，可以帮助我们更好地接纳自我。

接纳自我，就要学会理性地进行社会比较。在取得成绩时，可以适当地看看比自己优秀的人，避免骄傲自满；遭遇失败时，可以通过与他人比较找到自己的优势，避免妄自菲薄。

## 2. 完善自我

### 阅读与思考

小肖最近学会了一句口头禅：我改不了！他知道自己有不少缺点：做事拖沓，粗心大意；玩起游戏来会忘记时间，耽误做作业和学习；总是很晚睡觉，早上起不来……过去，他总是为自己不够努力、不够优秀而苦恼。

最近，因为学习了如何接纳自己，他的苦恼便“减少”了。当父母鞭策他、老师鼓励他，希望小肖可以多一些自我约束时，他总是满不在乎地说：“我现在学会接纳自我啦，我就是这样的人，改不了！”

● 小肖认为接纳自我意味着不需要改变自我。你认为小肖的想法对吗？为什么？

完善自我，就是要坚信自己人生的目标，勇于向着自己的目标坚定前行，不断变得更好、更优秀。

完善自我，要持续不断地自我反思，学会自我调控。在认识自我、确定进步目标的基础上，采取实际行动，逐步积累成就感，增强自信心。要深入思考和总结成败的原因，并根据每次行动的实际效果，及时调整自己的行为和方向。

> 见贤思齐焉，见不贤而内自省也。
>
> ——孔子

完善自我，要善于听取他人的建议。不仅需要听取他人的一般性建议，更要有意识地关注他人建议中那些重要、具体和有建设性的部分。重要，是指建议指向了自己比较看重的方面；具体，是指建议针对的是具体的行为、想法或结果；有建设性，是指建议为我们提供了指向明确、可操作性较强的指导，能切实帮助我们完善自我。

完善自我，要向榜样学习。历史上的英雄人物、各行各业的先进模范、身边的优秀典型都是我们学习的榜样。榜样的力量是无穷的。要向榜样看齐，学习他们的高尚品质、优良作风和精神风貌，分析和模仿他们恰当的行为、想法和态度，从而不断完善自我、提升自我。

## 启思导行

完善自我需要坚持不懈地培养好习惯。确定一个你想要养成的好习惯（如每天阅读半小时、运动半小时等），按照“每天进步一点点”的原则进行培养。看看养成这个好习惯，你花了多长时间。填写下表。

好习惯养成记录表

| 好习惯 | 第1天 | 第2天 | 第3天 | 第4天 | 第5天 | 第6天 | 第7天 |
|---|---|---|---|---|---|---|---|
| | | | | | | | |
| | 第8天 | 第9天 | 第10天 | 第11天 | 第12天 | 第13天 | 第14天 |
| | | | | | | | |
| | 第__天 | 第__天 | 第__天 | 第__天 | 第__天 | 第__天 | 第__天 |
| | | | | | | | |

# 第4课
# 直面挫折　积极应对

太阳落山，明天仍会升起；春天过去，来年还会再来。然而，生命一旦失去，却无法重生。生命如此宝贵，需要每个人好好珍惜。我们要提升自身抗逆力，成为热爱生活、敬畏生命的人。人的一生难免会遇到挫折，而挫折恰恰又是成长的催化剂。学会应对挫折，学会在挫折中成长，是让生命焕发光彩的必修课。学习本课，我们将学会正视挫折，掌握应对挫折的方法。

## 一、认识挫折，直面困难

### 1. 了解挫折

#### 阅读与思考

华罗庚是自学成才的科学巨匠，是蜚声中外的数学家。他是中国解析数论、典型群、矩阵几何学等很多研究的创始人与开拓者。但是，这位数学家的成才之路并不平坦。

华罗庚只有初中文凭。初中毕业后，他就读于上海中华职业学校，却因交不起学费而中途退学。此后，他靠自学完成了高中和大学低年级数学课程。1929年冬，华罗庚不幸染上伤寒病，导致左腿终身残疾。然而，他并没有气馁，而是更顽强地进行自学和钻研。1930年，华罗庚发表了关于数学的创新性论文，次年，被破格邀请到清华大学工作。起初，他在算学系当助理员，负责整理图书资料、收发文件、通知开会等杂务。华罗庚始终坚持一边工作，一边自学。最终，他走上了数学理论研究的道路，为数学理论的发展作出了巨大贡献。

- 华罗庚的成长经历给你哪些启发？
- 在成长过程中，你遇到过哪些困难或挫折？

当人们有目的、有动机的活动遭到阻碍或失败时，就会产生挫折。一般来说，挫折与挫折情境、挫折认知和挫折反应相关。挫折情境，是那些使行动目标不能实现的各种阻碍和干扰因素，可能是人或物，可能是自然环境或社会环境，也可能是自身的疾病或心理冲突等。挫折认知，是对挫折情境的认识、态度和评价。挫折反应，是个体在挫折情境下所产生的烦恼、困惑、焦虑、愤怒等感受及相应的行为表现。

个体的挫折反应受挫折情境和挫折认知的影响。一般来说，挫折情境越严重，挫折反应就越强烈；在同样的挫折情境下，不同的挫折认知会引发不同的挫折反应。挫折反应的性质和程度主要取决于个体对挫折情境的认知。

在学校中，学业问题和人际冲突是经常遇到的挫折情境。进入职场，可能还会面临更多的挫折情境，如理想与现实的差距，所学知识和专业技能不能适应工作要求等。在挫折面前，产生沮丧、愤怒或失望等情绪都是正常的。但是，如果不采用恰当的方式应对，就可能产生无助感，甚至严重危害身心健康。

### 相关链接

随着人的逐渐成熟，个体开始区分现实自我和理想自我。“我实际上是什么样的人”，就是现实自我，即我们认为自己在现实中的真实形象。“我想成为什么样的人”，就是理想自我，包括我们对自己的期待和设想。一般而言，我们的现实自我和理想自我之间会存在一定差距。当现实自我和理想自我差距较大时，就容易引发挫折感。

## 2. 正视挫折

### 阅读与思考

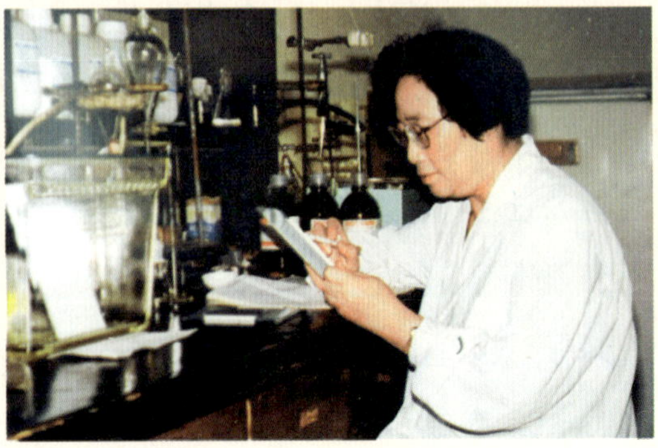

屠呦呦是我国著名药学家，60 多年致力于中医药研究实践。她带领团队攻坚克难，研究发现了青蒿素，攻克了一个世界性的健康难题，挽救了数百万疟疾患者的生命。她屡获殊荣，先后获得诺贝尔生理学或医学奖、国家最高科学技术奖、改革先锋称号、“共和国勋章”等荣誉。屠呦呦所取得的成就与她埋头苦干、潜心钻研的精神分不开，也与她面对挫折和失败时积极的态度分不开。

屠呦呦带领团队研究抗疟药时，曾搜集 2 000 多个方药，从中挑选出可能具有抗疟作用的 640 个，再从其中的 200 个方药中提取了 380 余种提取物，但测试后抗疟疗效均不显著。研究的转折点出现在青蒿上，其提取物显示有一定的抗疟效果。然而，实验结果很难重复。为了寻求答案，屠呦呦及其团队查阅了大量的文献，采用低温提取方式后，终于找到了发现青蒿素抗疟疗效的突破口。屠呦呦说："虽然当时科研条件极为艰苦，但这是国家交给的任务，有一种使命感，一定要做成。"

- 屠呦呦的事迹给你怎样的启发？

面对挫折，不同的人往往会有不同的挫折反应。用积极的视角认识挫折，有助于我们正视挫折、积极应对。

挫折是生活的一部分。每个人成长的道路上，都可能遭遇各种各样的挫折。在前进道路上遭遇阻碍时，不要怨天尤人，而要直面困难。在追求目标的过程中遭遇失败时，也不要轻言放弃，而要把失败视为成功的必经之路。

"吃一堑，长一智"，前进道路上的各种挫折都有其独特的价值。处于顺境时，一定的挫折会提醒我们不要盲目乐观，要更加清醒地面对现实。处于逆境时，要将挫折视为成长的机会，积极总结经验，找出失败的症结。即使经历重大挫折，也能在其中获得成长。

> 故天将降大任于是人也，必先苦其心志，劳其筋骨，饿其体肤，空乏其身，行拂乱其所为，所以动心忍性，曾益其所不能。
>
> ——孟子

接纳挫折中无法改变的事实。已经发生的事实是不能改变的，有的挫折情境也难以改变。要学会接纳挫折中这些不能改变的因素。对于能改变的因素，比如自己的目标、心态、行动方式等，要积极寻求改变的方法。

## 相关链接

有时候，人们可能会经历重大挫折或创伤性事件，如遭遇亲人离世或自己得重病，又或者经历地震、洪水等重大灾难。研究发现，创伤性事件对亲历者、幸存者和目击者都会造成消极影响。然而，对挫折或创伤的抗争，也可能会带来人的积极改变和成长，即创伤后成长。创伤后成长不是由创伤性事件本身引起的，而是通过个体在与创伤性事件的抗争中实现的。创伤性事件的类型、个体应对创伤性事件的方式及社会支持等，都是影响个体创伤后成长的重要因素。

## 启思导行

回忆你经历过的挫折，想一想你当时是如何看待这个挫折的，你现在又是如何看待的。填写下表。

| 你经历的挫折 | 过去的看法 | 现在的看法 |
| --- | --- | --- |
| | | |
| | | |
| | | |
| | | |

# 二、应对挫折，提升抗逆力

## 1. 面对挫折，积极应对

### 阅读与思考

小梁在中职学校学的是国际商务专业，他的职业理想是成为一名优秀的外贸业务员。然而，工作没多久，他就被公司安排做前台接待员。理想和现实的差距让小梁感到失落和不满。他把这些困惑向朋友倾诉后，得到了安慰和开导。小梁很快调整了自己的心态，并重新拟订了自己的职业发展计划：先把前台接待的工作做到最好；争取在当前工作岗位上积累工作经验、创造良好业绩，以后有机会再转岗。为了实现自己的新目标，他把前台工作的每个细节都尽量做好。年底时，他还认真对自己全年的工作进行总结，并拟订新一年的工作计划。这样坚持了两年，小梁在前台接待的工作岗位上，作出了让大家交口称赞的业绩。

面对理想和现实的差距，小梁是如何应对的？你还有哪些应对方法？

面对挫折，要用积极主动的策略来应对。要培养直面挫折的勇气和不屈不挠的意志，寻找解决问题的方法。

以关怀和友善的态度对待遭遇挫折的自己。挫折后产生消极的情绪是正常的，但不要沉溺于这些情绪中，而要接受挫折的现实。要学会自我悲悯，提醒自己每个人在生活中都可能遭遇挫折；面对挫折，重要的是鼓起勇气、勇敢面对。

### 相关链接

自我悲悯是指当我们遇到挫折的时候，能够用自我友善的、非批判式的态度对待自己，并且意识到其他人也会遇到这样的挫折。自我悲悯不同于自我纵容，它能够为我们带来积极的结果。大量研究发现，一个人自我悲悯的程度越高，他就越快乐、积极、主动，心理健康水平也越高。自我悲悯包含以下三个方面。

**自我友善** 我们在遭遇挫折时，能够像对待朋友或其他所爱之人一样，以友善、关心的态度来对待自己。

**普遍人性** 我们知道挫折是生活的一部分，许多人都可能有过同样的困难，我们不是在孤独地承担。

**正念** 我们能够以接纳、不评价的方式来处理情绪，不过度沉溺于消极情绪之中。

积极寻找解决问题的方法。挫折是生活给我们提出的一道难题。首先，列出问题清单，明确目前遇到的挫折是什么。其次，尽可能多地找到应对当前挫折的各种方法，并分析结果和利弊，选取相对恰当的应对方法。最后，确定应对挫折的具体步骤，并采取行动。在行动过程中，还要注意评估应对效果，及时作出调整。

积极寻求他人帮助。寻找帮助和支持不是软弱的表现，每个人都要建构自己的社会支持系统。遇到挫折时，要积极向家人、朋友或老师寻求帮助。必要时，还可以向心理咨询师等专业人士求助。在自己遇到挫折时，愿意寻求帮助；在别人遇到挫折时，愿意提供帮助。只有这样，才能形成团结互助、文明和谐的社会风气，让自己和他人的生活变得更美好。

## 相关链接

社会支持是指个体从所拥有的社会关系（包括家人、亲友、同学、同事、团体、单位和社区等）中获得的精神和物质上的支持。研究发现，社会支持能减轻个体的心理压力，缓解紧张情绪，减少孤独感和无助感，帮助人们更好地应对挫折，提高社会适应能力。

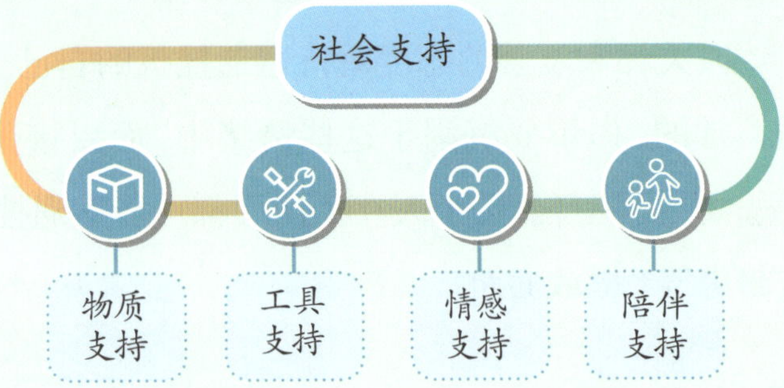


> 生命至上，集中体现了中国人民深厚的仁爱传统和中国共产党人以人民为中心的价值追求。
>
> ——习近平

有些挫折可能会让人产生强烈的痛苦和失望情绪，甚至会让人崩溃。但是，无论遇到怎样的艰难困苦和危机，请牢记生命至上。任何强烈的情绪都会随时间而发生变化，艰难困苦也都会逐渐克服。对于每个人来说，生命只有一次。只有生命存在，才会拥有未来。

## 2. 提升抗逆力，在挫折中成长

### 阅读与思考

北宋著名文学家苏轼，号东坡居士，一生经历了入狱、被贬、再被贬等挫折，可谓命运多舛。然而，在他的诗词中，我们总能感受到他身处逆境时的积极乐观态度。即使在非常艰苦的环境下，他也不消沉、不怨恨，而是继续创作，并积极进行文化传播。正如他所说：“九死南荒吾不恨，兹游奇绝冠平生。”

● 结合苏轼的诗词，谈谈他在面对挫折时是如何保持积极态度的。

抗逆力，指个体在面对不幸、逆境或挫折等压力情境时的有效适应能力。具备一定的抗逆力，可以使我们在面对挫折和压力时保持正常的心理和身体状态，及时调整自己，并获得成长。在日常生活和学习过程中提升自身抗逆力，能帮助我们勇敢、有效地面对挫折，走出成功和有意义的人生之路。

提升抗逆力，要确立明确的人生目标。有了明确的人生目标，才会从不幸中找到希望之光，在绝境中奋起，创造有意义的人生。

## 相关链接

要确立一些现实性的目标，每天固定做一些朝向目标、能达成目标的事情，如学习专业技能等。即使有些事情让我们获得的成就感很低，也要坚持去做，要相信“水滴石穿”“绳锯木断”。

提升抗逆力，要心存高远、保持乐观。即使遭遇非常痛苦的事情，也要学会用更宽广的胸襟、更长远的眼光来看待它。在今天让人感觉痛不欲生的事情，若干年后可能会成为一段有意义的回忆。我们要相信生活中总会有美好的事情发生。

提升抗逆力，要学会积极看待自己、照顾好自己。要关注自己的需要和感受，多参与健康愉悦的活动。好好照顾自己，会让身体和心理蓄势以待，有效应对逆境。

提升抗逆力，要与重要他人建立良好的关系。家人、朋友或其他重要的人在生活中给予我们的帮助和支持，会提升我们的抗逆力。在班集体或社团组织中积极活跃的同学，能够从团队的支持中获得力量和希望，同样会提升抗逆力。

## 启思导行

● 组织一次以“提升抗逆力”为主题的心理健康团体活动，4 人为一组，每组搜集一个青少年在逆境中成长的故事，与同学分享，并讨论、总结如何提升抗逆力。填写下表。

| 青少年在逆境中成长的故事 | 提升抗逆力的方法 |
| --- | --- |
| | |
| | |

# 第5课 认识情绪　管理情绪

如果心灵像一片天空，那么情绪就像天气，会不断发生变化：时而晴朗温暖，时而乌云密布，时而暴风骤雨。只有认识自己的情绪，才能更好地应对各种变化。每天产生的各种情绪构成了我们纷繁复杂的心理世界，影响着我们的行为和身心健康。学习本课，我们将更全面地认识自己的情绪，学会合理地管理情绪，成为情绪的主人。

## 一、破解情绪的密码

### 1. 情绪是什么

阅读与思考

怒发冲冠，凭栏处，潇潇雨歇。
抬望眼，仰天长啸，壮怀激烈。
——岳飞《满江红》

更喜岷山千里雪，三军过后尽开颜。
——毛泽东《七律·长征》

- 以上诗词表达了作者怎样的情绪？
- 你是否有过类似的情绪体验？在你的生活中还有哪些情绪体验？

开心、惊喜、紧张、生气、自豪……每个人每天都体验着各种各样的情绪。情绪是一种非常复杂的心理现象，它不仅包括个人内心的主观体验，也伴随个体相应的外部表现，还表现出相应的生理反应。主观体验、外部表现和生理反应三者共同构成了我们丰富的情绪世界。

根据愉悦度，情绪通常可以分为正性情绪和负性情绪。正性情绪有开心、满足、兴奋等，负性情绪有愤怒、恐惧、悲伤等。根据生理激活水平不同，情绪有不同的强度之分。比如，兴奋比满足情绪强度更高，恐慌比担心情绪强度更高。

无论是正性情绪还是负性情绪，对人类都具有独特作用。正性情绪使人心情舒畅，能提高学习、工作的效率，也是维系和谐人际关系的纽带。负性情绪使人心情压抑，会影响人的身心健康，但能提醒我们远离危险和伤害。需要注意的是，过于强烈和持久的情绪可能会影响人的学习、工作效率和身心健康。

### 相关链接

一般来说，情绪具有适应、动机、组织和信号等功能。

情绪的功能

- 适应功能：情绪是个体适应生存和发展的一种重要方式。比如，环境中的危险信号让个体产生战斗或逃避反应，可以帮助人们战胜或逃离危险。
- 动机功能：情绪是动机系统的基本成分，能够激发和维持个体的行为，并影响行为的效率。比如，自豪、感激、内疚等情绪，能够引导我们良好的道德行为。
- 组织功能：情绪是心理活动的组织者，能够影响其他心理过程，如注意、记忆、思维和决策。一般来说，正性情绪对活动起推动和促进作用，负性情绪对活动起阻碍和破坏作用。
- 信号功能：情绪是人在交流中传递的重要信号。通过身体姿势、面部表情、语气声调等情绪外部表现，我们可以知道他人的感受，也可以把自己的感受有效传递给他人。情绪交流有助于人与人之间建立和维持关系。

## 2. 情绪从哪里来

### 阅读与思考

小刘马上要参加会计事务专业的职业技能比赛了。他虽然反复练习，但仍然担心在比赛中会出现差错，从而影响比赛成绩。他觉得，如果比赛成绩不好，就会影响他以后找工作；如果找不到好工作，他就是个失败者。越临近比赛，小刘就越焦虑，吃不好睡不香……另外，小刘发现，和他一起参加比赛的小王非常镇定，好像一点儿也不为比赛担心。小刘更加焦虑了。

- 小刘为什么会焦虑？
- 在日常生活中，哪些因素会影响你的情绪？

情绪是人和环境相互作用的产物。情绪的产生和变化既受到环境因素的影响，也受到个体内部因素的影响。

环境会影响情绪。自然环境中的颜色、声音、光线、温度等都能影响情绪。一般来说，天气晴朗会让人心情舒畅；阴云密布可能会使人感到压抑。重大社会事件，家庭、校园和社会环境等，也会影响情绪。突发的公共卫生事件会让人产生恐慌，家人团聚会令人感到开心，即将到来的考试或比赛会让人感到焦虑。

生理状态会影响情绪。人在疲倦的时候，更容易感到心烦气躁；在生病的时候，更容易感到悲观忧郁。当精力充沛、身体状态良好时，人更能体验到积极的情绪。有些食物、饮料或药物，会影响人的生理状态，从而影响人的情绪体验。激素分泌水平的变化也会使人的情绪波动。

个体对事件的看法和评价会影响情绪。事件发生后，我们无法改变事件本身，我们能改变的是我们的想法。积极的想法有利于产生正性情绪，消极的想法往往带来情绪的困扰。当把别人的批评和意见理解为善意和关心时，就会产生感激的情绪；当把这种批评和意见视为不满和否定时，就会产生生气的情绪。在日常生活中，要善于关注事件的积极面，避免总是注意事件的消极面。

## 相关链接

心理学家阿尔伯特·埃利斯创立了“情绪 ABC 理论”，用来分析人的想法与情绪体验的关系。在这一理论中，A 代表事件，即日常生活中引发情绪的事件；B 代表信念，即人对日常事件的看法或评价；C 代表结果，即人所产生的情绪及行为结果。该理论认为，事件（A）只是引起人的情绪及行为结果（C）的间接原因，人对事件所持的信念（B）才是引起人的情绪及行为结果（C）的直接原因。

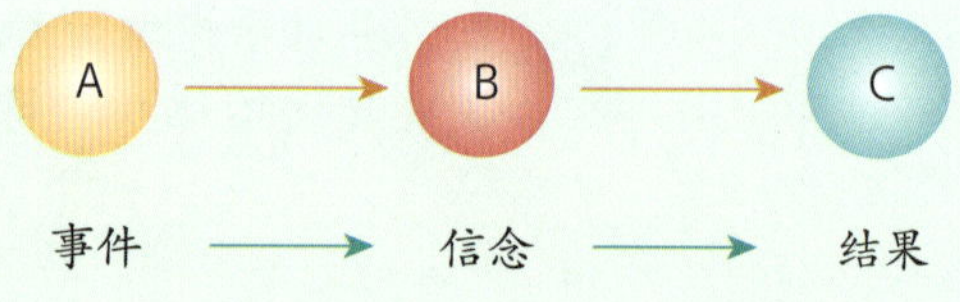


## 启思导行

以小组为单位，就平时学习、生活中的某件事情，运用“情绪 ABC 理论”，分析事件、不同信念与可能产生的情绪及行为结果。简要写在下面的横线上。

## 二、成为情绪的主人

### 1. 正视情绪

#### 阅读与思考

最近几天，小张和室友之间发生了一些小矛盾。每次回到宿舍，她就会感到有点烦躁；每次见到室友，她也会产生生气和委屈的情绪。在宿舍里，她不说话也不搭理室友，只是默默地做自己的事情。她觉得这些情绪都是不好的，也不想把这些感受告诉别人，只是埋藏在自己心里。

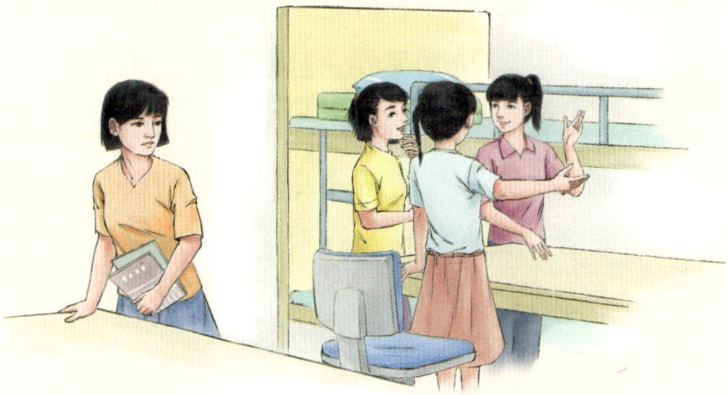

- 你是否赞同小张的做法？为什么？请给小张提供几点建议。

情绪有正性和负性之分，没有绝对的好坏之分。每一种情绪都有自己独特的作用。试图压抑或回避自然产生的情绪，可能让人陷入更深的困扰之中。因此，要成为情绪的主人，首先需要正视情绪。

接纳并主动体验情绪。无论体验到正性情绪还是负性情绪，都要坦然接纳自己正在经历的情绪，而不要刻意压抑或回避这些情绪。不要简单地以“好”和“坏”去评价这些情绪。尤其注意不要把正性情绪评价为好的情绪，把负性情绪评价为坏的情绪。可以尝试主动去体验情绪所伴随的身体感受和想法，准确地理解情绪产生的原因，并认清情绪对人的影响。如果逃避或压抑负性情绪，不仅不利于进一步理解和调节情绪，甚至还会影响身心健康。

> 怒不过夺，喜不过予。
>
> ——荀子

合理表达情绪。接纳情绪并不代表我们可以任意表达情绪。我们需要在随意发泄情绪和合理表达情绪之间画出一道清晰的界线。随意发泄情绪，如愤怒时攻击或羞辱他人，会给自己和别人带来伤害。用语言把自己的情绪描述出来，是最常用也是非常安全的表达情绪的方式。通过合理的方式把自己的情绪表达出来，也更有利于人与人之间的沟通交流。平时生活中，要注意多学习和积累关于情绪的词汇，有利于更准确地描述自己的情绪。

**相关链接**

主动通过交谈、书写等方式来表达消极情绪，能够减弱或缓解压力事件对免疫系统功能的消极影响，维护人的身体健康。研究发现，通过交谈或书写来宣泄痛苦情绪的人，其免疫细胞的活动水平更高，自尊水平也更高。相反，抑制心中的消极情绪体验，则会导致免疫系统功能的下降，引发身心健康问题。

## 2. 学会管理情绪

**阅读与思考**

愤怒是一种常见的情绪。愤怒虽然有其积极意义，但是在愤怒情绪下的冲动言行经常会导致一些消极后果。所以，及时调节愤怒情绪非常重要。清代民族英雄林则徐，堪称制怒的典范。为了提醒自己及时调节愤怒情绪，他写下“制怒”两字横幅，作为座右铭时刻告诫自己。

- 林则徐用什么方法调节愤怒情绪？
- 你调节愤怒情绪的方法有哪些？

每个人都可以积极主动地管理自己的情绪。可以通过调整想法来改变负性情绪，通过正确的方式来适度宣泄，也可以通过调整自己的身体状态来提升正性情绪。

> 一朝之忿，忘其身，以及其亲，非惑与？
>
> ——孔子

调整想法。对事件的认识和理解是影响情绪体验的关键。想法改变了，情绪也会随之发生变化。当产生负性情绪时，先找到导致负性情绪的想法，然后从不同角度去观察和思考正在经历的事件，尝试用更积极的想法和观点替代不合理的信念，从而改善情绪。

### 相关链接

不合理的信念往往会导致情绪的困扰。常见的不合理信念包括：只注意事件的消极面，夸大负面后果，认为某事物必定发生或不会发生等。可以从以下角度及时调整这些不合理信念，如全面、客观地看待事件，不是只看到事件的消极面；认识到人是多面的、是会发展变化的，不能因为一件事或一次失败就否定自己或他人等。

| 事件 | 不合理信念 | 替代信念 |
| --- | --- | --- |
| 我参加技能考试成绩不理想。 | 我太笨了，什么都做不好。 | 这次成绩虽然不理想，但我从中吸取了教训，增加了经验，下次成绩肯定能提升。 |
| 我请同学帮忙，被拒绝了。 | 我是个不受欢迎的人。 | 我的任何要求不可能都得到满足，人人都可能遇到被拒绝的情况。 |
| 我被父母批评了。 | 他们根本就不爱我。 | 他们是生气了，才这样批评我。 |

掌握正确的宣泄方式。在经历强烈情绪时，适度宣泄可以降低情绪的强度。宣泄的方式多种多样，可以把心中的不快、郁闷、困惑等向亲人、朋友、老师或专业人员倾诉，以减轻自己的心理负担，得到安慰和建议；也可以把自己经历的情绪事件记录下来，通过书面文字来表达自己的情绪；还可以用诗词、美术和音乐作品等纾解情绪。

调整身体状态。运动和睡眠能帮助人维持良好的身体状态，提升正性情绪出现的概率。运动能使人身心愉悦，提升人的自我掌控感和成就感。充足的睡眠令人神清气爽、心情愉悦。通常，中职阶段的学生每天的睡眠时间应达到 8 小时。长期睡眠不足会使人精神萎靡，注意力不集中，记忆力下降，也更容易感到烦躁、焦虑或情绪低落。

### 相关链接

保证良好睡眠的小贴士

创设舒适的睡眠环境。比如，卧室温度、湿度适宜，光线暗淡，被褥清洁舒适，远离噪声的干扰等。

保持健康、规律的生活。比如，按时起床、睡觉；睡前不喝咖啡、浓茶，不吃得太饱也不处于饥饿状态，不躺在床上玩手机或看电视等。

坚持运动。身心放松有助于保持良好的睡眠，加强体育锻炼是使身心放松的好方式。但是，睡前不要做剧烈的运动，以免因过于兴奋而很难快速入睡。

如果出现睡眠问题，应寻求专业帮助，不要自行盲目服药。

管理好自己的情绪并成为情绪的主人，可以使人在顺境中保持理性平和的心态，也有助于人在逆境中及时调整好心态，对未来保持乐观的期望。要不断提升自己的情绪管理能力，努力成为乐观自信、积极向上的人。

## 启思导行

● 找到适合自己的管理情绪方法，是非常重要的。运用所学知识，在接下来的一周里，每天记录一次影响情绪的事件及管理情绪的方法，填写下表。一周之后，与同学讨论并分享自己管理情绪的方法。

| 日期 | 事件 | 身体有什么样的感觉？ | 有哪些情绪感受？ | 有什么样的想法？ | 是怎样管理情绪的？ |
|---|---|---|---|---|---|
| 周日 | 例：老师布置的作业，还没写，明早就要交了。 | 大脑一片空白，心跳加快，头疼。 | 紧张、焦虑。 | 糟糕，肯定会被老师批评了！ | 调整身体状态：通过深呼吸调节自己的心率，集中注意力，赶紧写作业。 |
| 周一 | | | | | |
| 周二 | | | | | |
| 周三 | | | | | |
| 周四 | | | | | |
| 周五 | | | | | |
| 周六 | | | | | |

# 第6课
# 呵护花季　激扬青春

“恰同学少年，风华正茂；书生意气，挥斥方遒。”现在的我们身心发育逐渐成熟，认知能力逐渐提升，开始为承担成年人的责任、适应成年人的角色做准备。这一时期的我们意气风发，未来的发展具有无限的可能；这一时期的我们青春萌动，也有成长的烦恼。学习本课，我们将了解青少年身心发展的特点与个体差异，与萌动的青春情面对面，掌握一定的性健康知识，养成健康向上的生活方式。

## 一、青春正当时

### 1. 青春的我

**阅读与思考**

● 从上图中，你想到了什么？

现在的我们正处于青少年期。这一时期是从儿童到成年的过渡期，我们的身体和心理都会发生巨大变化：身体逐渐发育成熟，更加关注自我，抽象思维能力等方面也逐渐提升。

身体发育走向成熟。青少年期是个体生长发育的第二个高峰期。这一时期，个体的身高体重急剧增长，心肺功能发展迅速，肌肉力量明显增强，脑与神经系统也逐渐发育成熟。第二性征出现，男性表现为喉结突出、嗓音低沉、出现胡须等，女性则表现为胸部发育、骨盆宽大等。性发育成为青少年生理发展的重要标志：性机能逐渐成熟，开始具备生育能力。青少年生理上的这些变化与激素水平存在密切关系，也受到遗传、环境和营养等多种因素的影响。

### 相关链接

青春期身体的快速发育和性成熟，与内分泌系统分泌的激素密切相关。启动青春期最重要的激素是生长激素和性激素。

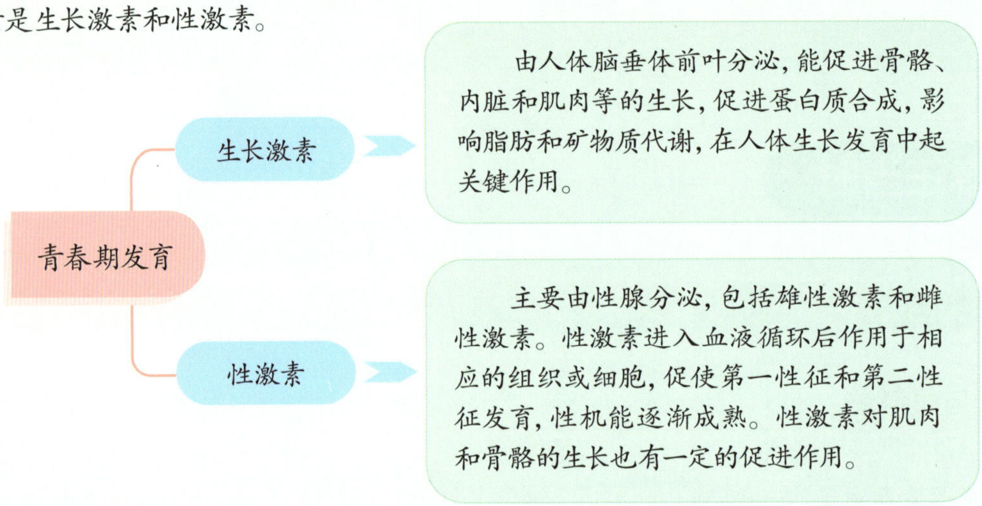


自我意识进一步增强。青少年期是自我重构的时期，个体更为深入地考虑“我是谁”“我从哪里来”“我将要到哪里去”等问题，并对过去、现在和未来的“我”进行整合，最终获得对自我的身份认同，形成稳定而成熟的自我。随着自我意识的增强，青少年更容易专注于自我，且认为周围的人也都会关注自己，这会导致青少年产生所谓“假想观众”和“个人神话”的认知偏差。

### 相关链接

假想观众是指个体时常认为自己是其他人注意和关心的焦点，好像自己在舞台上。这使得青少年在公众场合可能感到焦虑，倾向于回避在人群中的困窘，也容易对公众的批评格外敏感。

个人神话则是指个体相信自己是特殊的、唯一的。很多青少年因为相信别人时刻关注自己，因此容易形成一种自我重要性的夸张观点。他们往往觉得自己的经历体验是其他人所不能理解的；他们也往往认为自己是独特的，在别人身上出现的问题不可能出现在自己身上。个人神话可能会促成青少年的冒险行为。

抽象思维能力逐渐提升。青少年逐渐可以运用概念、判断和推理来进行抽象思维活动，能够按照提出问题、形成假设并检验假设这样的途径解决问题。同时，思维更具计划性和预见性，在解决问题之前，可以事先形成目标、方案及策略。但是，抽象思维发展仍不成熟，在思考问题的时候，不容易做到全面客观，对许多问题的看法可能会过于理想化或过于偏激。

情绪管理能力逐渐提高。在青少年期，个体的情绪体验逐渐变得丰富和细腻，青少年开始学会根据情境，以更适合的方式表达自己的情绪，并能适当调节自己的情绪。但是，青少年的情绪表现具有两极性，所经历的情绪体验强度较高、变化较大，情绪还不够稳定。

逐渐走向独立。青少年逐渐摆脱对父母的依赖，成为一个独立的个体，期望在行为方面获得更多的自主权。在此过程中，青少年倾向于各种新的尝试，表现出更多的创新性。值得注意的是，此时青少年的大脑发育尚未成熟，自我控制能力不足，难以对行为后果进行理性分析，导致更容易冲动，出现危险行为。

## 2. 不一样的你我他

### 阅读与思考

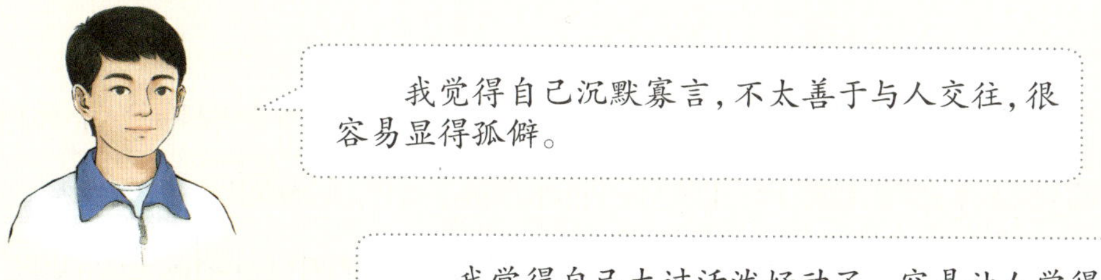


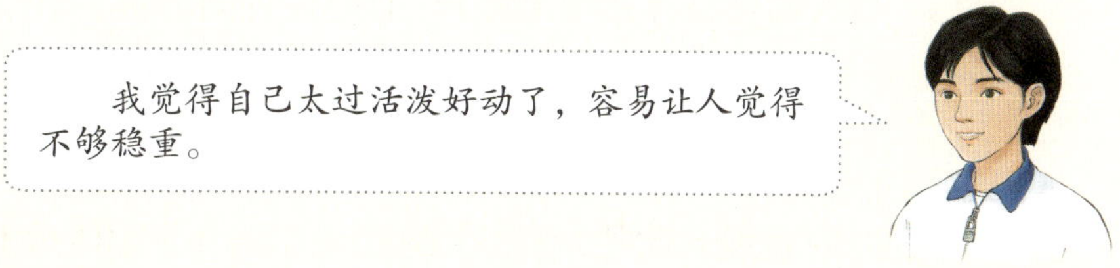


- 你有过类似的烦恼吗？
- 你会使用哪些方法来解决这些烦恼？

青少年的身心发展特点存在一定普遍性，但人与人之间又具有一定的个体差异。由于每个人的遗传基础和成长环境不同，个体的成长也会表现出自己的独特性。我们既要了解这些身心发展的个体差异，也要尊重这些差异的存在。

身体发育差异。每个人进入青春期的时间、发育的速度及性成熟的时间并不一样。与同龄人相比，发育偏早或偏晚可能会带来心理上的挑战。青少年对自己的体形、相貌等身体特征的满意度也存在个体差异。如果对自己的身高、体重或相貌有不合理的期待和看法，可能会感到焦虑、自卑，甚至会出现某些心理障碍，如进食障碍等。

## 相关链接

进食障碍是一种进食行为的失调，会对人的身体和心理都造成危害。

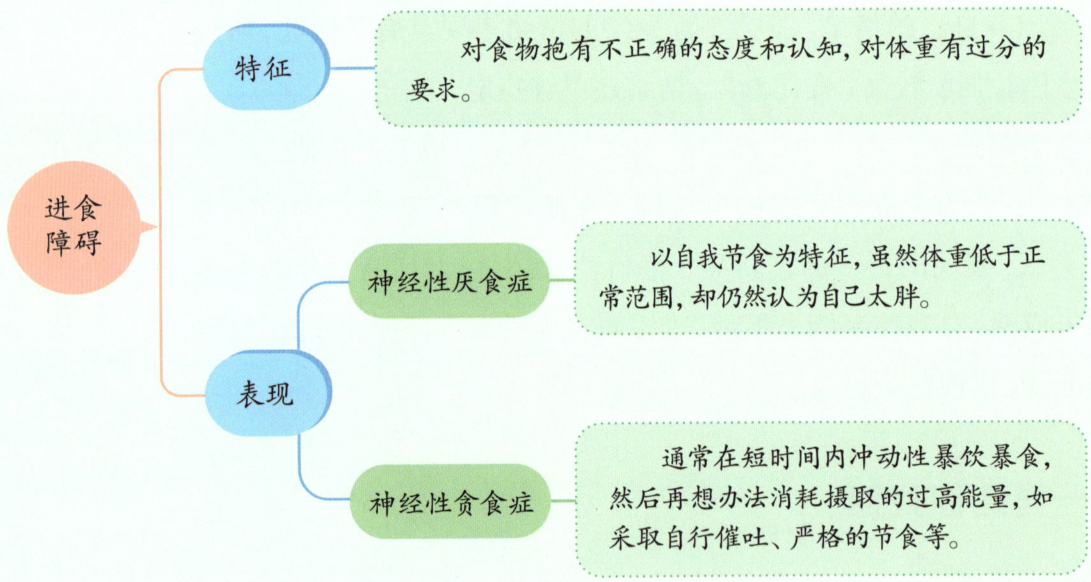


心理特征差异。每个人的性格、能力及兴趣等心理特征各不相同。人的性格存在很大差异，有的人外向活泼，有的人内向收敛；有的人热情大方，有的人寡言少语；有的人大胆果断，有的人小心谨慎……人的能力也存在差异，在逻辑思维、语言表达、运动天赋、人际交往等方面有不同的表现。此外，每个人的兴趣也各不相同，对不同事物或活动有个人的偏好。

## 相关链接

人和人之间的差异存在于很多方面。在人格方面，可以用五个因素来描述。了解人格因素，可以更好地认识自己、理解他人。我们要认识到，人格因素是相对的，具有可塑性，这对于完善自我，建立良好的人际关系，寻求适合自己的未来职业等有重要的参考价值。

**人格因素**

- **外向性**
  - 外向性高的人，具有爱社交、精力充沛、果断、热情、寻求刺激等特质。
  - 外向性低的人，具有对人疏远、不活跃、克制、腼腆、不喜欢冒险等特质。
- **宜人性**
  - 宜人性高的人，具有同情心强、友善、坦诚、顺从、谦虚、信任等特质。
  - 宜人性低的人，具有攻击性、冷酷、掩饰、任性、傲慢、猜忌等特质。
- **尽责性**
  - 尽责性高的人，具有条理性强、责任感强、谨慎、自律、成就动机高等特质。
  - 尽责性低的人，具有无条理、不负责任、不考虑后果、缺乏自律、成就动机低等特质。
- **神经质**
  - 神经质高的人，具有焦虑、恐惧、敌意、易怒、冲动、脆弱、敏感等特质。
  - 神经质低的人，具有情绪稳定、放松、平和、在压力下能保持平静等特质。
- **开放性**
  - 开放性高的人，具有创造性强、富于想象力、聪慧、审美能力强、好奇心强、求异等特质。
  - 开放性低的人，具有现实取向、对艺术缺乏敏感性、保守、喜欢熟悉的事物等特质。

人与人之间的身心发展差异在一定程度上受到遗传影响，也与成长环境有关。正是因为人与人之间存在着各种差异，才让这个世界多姿多彩。我们需要接纳和尊重个体之间的差异，既要正确看待自己和他人的不同之处，充分发挥自己的特长和优势，展现自己的独特魅力；又要尊重他人的外貌特征和性格特点等，不能用他人的特点起绰号或开玩笑，甚至嘲讽他人。

## 启思导行

4 人为一组，大家轮流为每个组员做“心理画像”，尽可能多地找出其优点和长处，并一起真诚地赞美他（她）。把你的优点和长处简要填写在下面的横线上。

______________________________

______________________________

## 二、萌动的青春情

### 1. 爱与责任

**阅读与思考**

我喜欢谁，就要大胆表白，我要谈一场浪漫的恋爱！

学生就要好好学习，我们现在没有能力去“爱”！

爱一个人，就要和她一起变得更好！

好朋友有“蓝颜知己”，我是不是也要有一个呀？

● 你如何看待以上观点？

随着身心发展不断成熟，青少年逐渐产生对异性的好奇和与异性交往的渴望。两性间的相互倾慕和爱恋，是人生中美好而特别的感情。

责任是爱情不可或缺的部分。青春年少的我们对于爱情常常是懵懵懂懂的，有的人会把异性间的友情当作爱情，有的人会把和异性之间的密切交往当作爱情。要谨慎地作出爱一个人的决定或承诺。真正的爱情，需要双方互相理解、互相尊重、互相关心、互相帮助，更需要双方承担应有的责任。

**相关链接**

爱情三角理论认为，爱情包含三种成分：亲密、激情和承诺。只有同时具备这三种成分，才是完美的爱情。

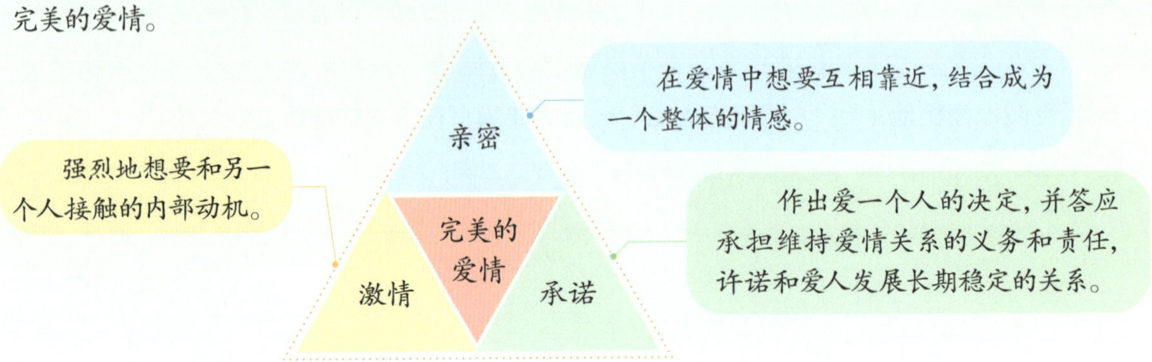

拥有美好的爱情还需要有爱的能力。要自立自强自爱，具备维护良好恋爱关系的能力。只有自立自强自爱，才能获得对方的尊重，为缔结美好的爱情奠定基础。恋爱双方要互相理解、互相包容、坦诚相待，处理好恋爱中可能出现的矛盾和挫折，才能使恋爱关系更加稳定、和谐。

爱情不是人生的全部。学业、事业，亲情、友情都是生活中的重要部分。在学生时期，最重要的是以认真负责的态度完成自己的学业，获得未来就业的专业技能，培养健全的人格和适应社会的能力。这些也是未来维系爱情和家庭的重要基础。

## 2. 呵护花季健康

### 阅读与思考

小周发现自己最近会不自觉地被异性吸引，有时甚至会在睡觉时做和性有关的梦。这让他感到非常困惑，甚至害怕：我是不是变坏了？他不好意思向别人咨询这个问题，于是偷偷在网上查找相关信息，没想到不同网页上呈现的信息内容千差万别。这让他更加不知所措。

- 你如何看待小周的困惑？
- 假如你是小周，你会通过哪些正确途径解决这些困惑？

在青少年期，出现性欲望、性幻想以及性梦是人的生殖系统逐渐发育成熟、身心发展的正常现象。应该从正规渠道获取相关的科学知识，培养在体育运动、艺术活动等方面的兴趣爱好，养成健康向上的生活方式。另外，在与异性交往时，应遵循公开、适度等原则，避免逾越正常交往的边界。

青少年的身心发展尚未成熟，也缺乏社会阅历，还没有能力承担过早性行为带来的后果。过早性行为会给青少年身心造成很大伤害，并可能导致女性意外怀孕。过早性行为还会大大增加感染疾病的风险，一些生殖系统的疾病或性传播疾病可能导致终身不育、危及生命等严重后果。

青少年遭遇性骚扰和性侵害的风险较高，要注意预防性骚扰、性侵害。性骚扰是指违背他人意愿，以言语、文字、图像、肢体行为等方式对他人进行带有性意味的冒犯或侮辱。从广义上讲，性侵害是指为满足某种性欲望，违背被侵害人的性意愿，对被侵害人的性（行为）自主权造成不同程度损害的行为。性骚扰、性侵害的受害人可能是女性，也可能是男性；侵害者可能是陌生人，也可能是周围的熟人。受害者往往会产生许多心理和身体上的痛苦，并可能出现创伤后应激障碍。我们要有自我保护的意识，必要时积极求助。

## 相关链接

### 自我保护的小贴士

随时让家人、朋友知道自己的行踪，以方便相互照应。

远离危险环境。例如，和异性单独接触时选择公开场合，避免夜归及走偏僻路径等。

对不轨行为严厉拒绝，明确说“不”。

如果遭遇性骚扰、性侵害，不要自责。要知道犯错的是侵害者，而不是受害者。

学习一些必要的防身技术。

性骚扰、性侵害是违法甚至犯罪行为，要学会用法律武器保护自己。

## 启思导行

每个人都要对自己的健康负责，要养成健康的生活方式。健康的生活方式是指有益于健康的习惯化的行为方式，包含积极的生活目标、规律的作息习惯、适度的体育运动、均衡的营养摄入、和谐的人际关系，以及对自己和他人健康负责的态度和行为等。健康的生活方式有助于我们的身心健康。但是，健康生活方式的养成，不是一蹴而就的，而是需要日积月累、持之以恒的。

● 与同学讨论，在日常生活中应该如何养成健康的生活方式，并制订出健康生活方式养成计划表。填写下表。

| 行为方式 | 措施 |
|---|---|
| 积极的生活目标 | |
| 规律的作息习惯 | |
| 适度的体育运动 | |
| 均衡的营养摄入 | |
| 和谐的人际关系 | |
| 对自己和他人健康负责的态度和行为 | |
| 其他 | |

# 内容概览

- 认识自我 健康成长
  - 第3课 发现自我 完善自我
    - 认识自我
      - 我是谁
      - 认识自我的方法
    - 接纳和完善自我
      - 接纳自我
      - 完善自我
  - 第4课 直面挫折 积极应对
    - 认识挫折，直面困难
      - 了解挫折
      - 正视挫折
    - 应对挫折，提升抗逆力
      - 面对挫折，积极应对
      - 提升抗逆力，在挫折中成长
  - 第5课 认识情绪 管理情绪
    - 破解情绪的密码
      - 情绪是什么
      - 情绪从哪里来
    - 成为情绪的主人
      - 正视情绪
      - 学会管理情绪
  - 第6课 呵护花季 激扬青春
    - 青春正当时
      - 青春的我
      - 不一样的你我他
    - 萌动的青春情
      - 爱与责任
      - 呵护花季健康

# 学以致用

## 健康成长　青春无悔

### ▶活动目标

1. 了解自己的身心发展特点、性格特征、优势和劣势，行为方式和成长规律，明确正确认识自我的重要性。

2. 增强成才动机和应对挫折的信心，珍惜自己和他人的生命。

3. 直面成长中的心理与行为问题，积极接纳自我，学会欣赏自我，掌握自我调控、应对挫折及管理情绪的方法。

### ▶活动任务与建议

**任务一：以“人人都可成为社会有用人才”为议题，探讨正确认识自我的重要性**

1. 可制作个人名片，名片的内容包括兴趣爱好、个性特点、优势与劣势等，同学之间互相交流，从自我和他人的角度增加对自己的认识。

2. 可进行“10 年后的我”的绘画，描绘自己期待 10 年后成为的样子，探讨如何成为“10 年后的我”。

3. 可与熟悉自己的同学、老师和亲人等交流，请他们说出自己需要改进的方面，以及对自己未来发展的建议，并记录下来。采纳其中有建设性的建议，作为完善自我的指导。

**任务二：以“艰难困苦，玉汝于成”为议题，探讨挫折教育的意义，增强抗挫折能力**

1. 可选择一个榜样人物，查找其成长经历和生活历程，与同学分享榜样人物在通往成功的道路上直面困难、积极应对挫折的事迹，探讨正视挫折、积极应对挫折的方法。

2. 可分组从社会热点新闻中选取一些案例，以“热爱生命，提升抗逆力”为题展开讨论，探讨生命的意义与价值，以及如何在挫折中成长。

3. 可列出自己最近遇到的几个困难或挫折，思考如何从积极视角看待它们，并列出应对方法。

| 困难或挫折 | 积极视角 | 应对方法 |
|---|---|---|
| | | |
| | | |
| | | |
| | | |

**任务三：以“做情绪的主人”为议题，探讨合理的情绪表达方式与管理策略**

1. 可在一张纸条上写下最近经历的情绪事件。所有纸条汇总后，随机抽出三四张，通过情绪表演等方式，分析情绪产生和变化的过程及原因。

2. 可举办“做情绪的主人”主题班会，分组讨论管理情绪的方法，每组选出三四条最佳方法，填写下表，并写成小贴士，在全班分享。

| 管理情绪的方法 | | | |
|---|---|---|---|
| 调整想法 | 掌握正确的宣泄方式 | 调整身体状态 | 其他方法 |
| | | | |
| | | | |
| | | | |
| | | | |

3. 可组织记录“愉悦事件”活动。留心和品味每天发生的那些微小但是带来愉悦的事件，用小纸条记录下来，与同学分享，一起在日常学习、生活中培养积极情绪。

**任务四：**以“青春期成长的烦恼与美好”为议题，探讨青春期的心理特征与性心理特点

1. 可在一张白纸上匿名写下自己目前遇到的一些和身心发展有关的疑问或困难，与同学一起讨论解决的办法。

2. 可观看性教育科普影视作品，了解个体生理和心理特点的差异，分组制作关于青春期身心发展知识的手抄报。

3. 可挑选一部能展现青少年特点、反映青少年精神面貌的影视或文学作品，分析该作品中青少年角色的“闪光点”，与同学交流分享并学习。

## ▶活动评价

| 评价内容 | 评价人员 | 评价方式 | 评价维度 | | | | | | 总结反思 |
|---|---|---|---|---|---|---|---|---|---|
| | | | 语言表达 | 问题分析 | 事件处理 | 成果呈现 | 个人状态 | 团队合作 | |
| | | | | | | | | | |
| | | | | | | | | | |
| | | | | | | | | | |

说明：

- 评价人员：本人、同学、家长、教师等。
- 评价方式：采用赋分评价、评语结论评价等。
- 评价维度：语言表达是否清晰准确，问题分析是否全面准确，事件处理是否恰当，成果呈现是否完整，个人状态是否积极，团队合作是否有效。
- 总结反思：从成效、改进措施等方面进行。

# 第三单元 和谐交往 快乐生活

光阴似箭，岁月如梭。我们在亲情、师生情和同学情的陪伴下健康成长。在家庭、在学校、在社会，我们都需要与他人交往，学习应对日益复杂的事务，努力练就本领，迎接美好的未来。

在本单元，我们将学习如何理解父母、尊重长辈，建立和谐的亲子关系；理解良好师生、师徒关系对我们成长的重要作用，正确处理师生、师徒关系；理解同学之间和谐相处及团队合作的重要性，掌握同学交往的正确方式；了解校园欺凌、暴力和各种不良诱惑的表现形式及危害，自觉抵制校园欺凌和暴力，拒绝毒品，预防艾滋病，养成健康的生活方式。

# 第7课
# 珍视亲情　学会感恩

亲情是真诚的陪伴，给予我们无比的温馨和安慰；亲情是持久的动力，给予我们无私的帮助和依靠。无论何时何地，亲情永远都是我们的幸福源泉和温暖港湾。学习本课，我们将一起体会亲情的美好和珍贵，学习如何理解父母、感恩父母，学会维系和谐的亲子关系，让浓浓亲情温暖我们一生。

## 一、浓浓亲情，相伴一生

### 1. 相伴一生的亲情

**阅读与思考**

小张今天特别开心，忍不住打电话和爸爸说："车工实训课上，我独立安装好车刀，老师表扬我的操作非常准确，没有失误。"小张的爸爸也很高兴，说："太棒了，上次你还说总也学不会，没想到这么快就学会了，继续加油呀！"

最近小王周末都自己待在家里，妈妈问她："小李怎么好几周没来家里玩了？"小王生气地说："我们吵架了，不想理她，她居然误会我。"妈妈语重心长地说："既然是误会，那就找到根源把误会说开，你们关系这么好，不能因为一点儿误会就有隔阂吧。"小王想了想说："妈妈，您说得对，我明天就和她解释清楚。"

- 看完上述故事，你有哪些感悟？
- 说说在成长过程中令你感动的亲情故事。

亲情与生俱来、割舍不断。父母给予我们生命，哺育我们成长，和我们形成了一种强烈、持久而又密切的情感联结。其他长辈和兄弟姐妹也关心着我们，带给我们相伴一生的亲情。

> 父母慈爱的价值在于它比任何别的情感都更加可靠和值得信赖。
>
> ——罗素

亲情是身心健康成长的保障。家庭是呵护我们成长的摇篮，是温暖心灵的港湾。家人通过辛勤的工作，从衣食住行等方面尽力为我们提供必需的生活条件。我们在快乐时会和家人分享，委屈时会向家人倾诉，疲惫时会找家人依靠，遇到困难时会向家人求助。在浓浓亲情的陪伴中，我们快乐生活、健康成长。

亲情是规划未来人生的动力。家人的合理期望会激励我们努力学习，成为更好的自己；我们也能从家人的认可和肯定中增强自信，向更高的目标迈进。长辈们会分享他们丰富的人生阅历，为我们提供人生指导，帮助我们了解自我、展望未来、规划人生。

### 相关链接

习近平指出："家庭是社会的基本细胞，是人生的第一所学校。不论时代发生多大变化，不论生活格局发生多大变化，我们都要重视家庭建设，注重家庭、注重家教、注重家风。"

习近平任福建省省长时，因公务繁忙，无法参加父亲习仲勋的88岁寿宴，于是抱愧地给父亲写了一封拜寿信。习近平在信中表示自己从父亲那里继承和吸取的高尚品质有很多：一是学父亲做人，二是学父亲做事，三是学父亲对信仰的执着追求，四是学父亲的赤子情怀，五是学父亲的俭朴生活。习近平在信中说："这是一个堪称楷模的老布尔什维克和共产党人的家风。这样的好家风应世代相传。"

## 2. 我和我的父母

### 阅读与思考

亲子之间存在不同的交流方式。交流方式对亲子关系有重要影响。以下是小李与父母之间就同一话题的不同回应方式。

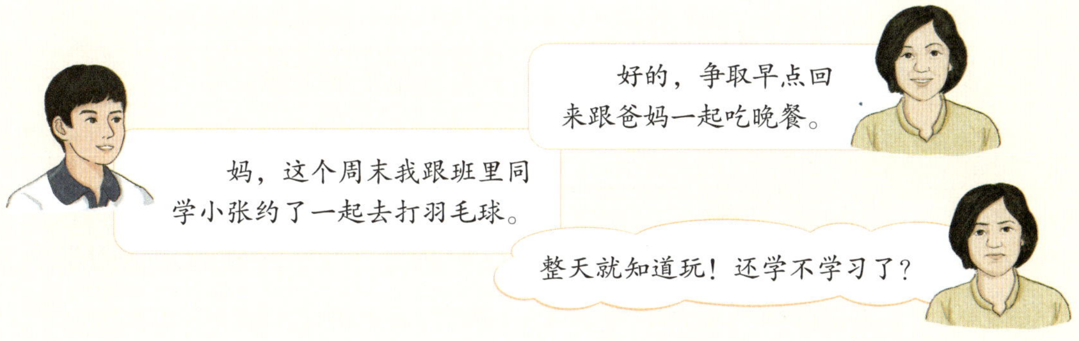

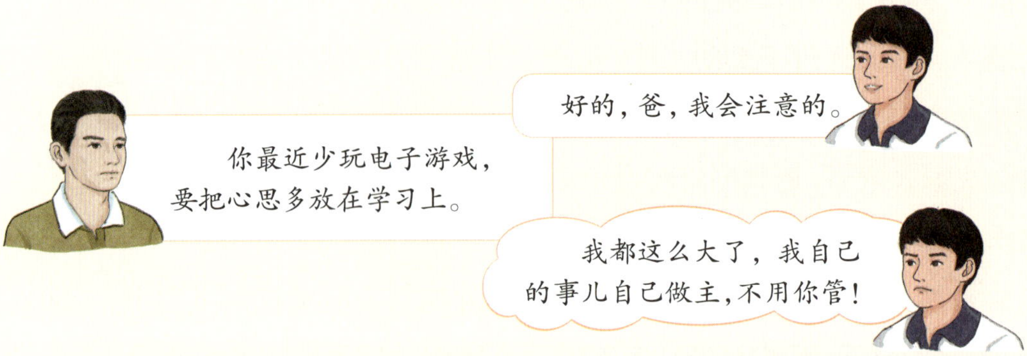


- 你更喜欢以上哪种对话方式？为什么？
- 在日常生活中，你知道有哪些类型的亲子关系？

在婴儿时期，父母对孩子精心照料和抚育，形成了最初的亲子依恋关系，分为安全型依恋和不安全型依恋。早期的亲子依恋是婴儿和父母之间强烈的情感联系，奠定了亲子关系的基础，也影响着我们与他人的关系。

## 相关链接

安全型依恋是一种积极、和谐的亲子关系，不安全型依恋是一种消极、不和谐的亲子关系。

| 分类 | 具体表现 |
| --- | --- |
| 安全型依恋 | 父母在身边时，婴儿会独自探索，愉快玩耍，对陌生人随和大方；父母离开会引起他们明显的不安；当父母返回时，他们有温暖的回应。安全型依恋的婴儿能感受到安全和被爱；情绪更为积极，乐意与人交往；面对新环境勇于探索，并会寻求父母的支持。父母会积极回应婴儿的需求，给予温暖的关爱和支持。 |
| 不安全型依恋 | 有的婴儿过分依赖父母，当父母离开时会生气、哭闹、焦虑，对陌生人冷漠或戒备；有的婴儿显得冷漠，喜欢独自玩耍，忽视或回避父母；有的婴儿与父母互动时行为无常。不安全型依恋的婴儿常无法信任他人，充满怀疑，容易紧张和逃避，不会主动寻求父母的支持。父母对婴儿需求的回应充满矛盾，有的过分焦虑，有的态度冷漠。 |

随着子女年龄增长，亲子关系也不断发展。在子女与父母相处的过程中，会形成不同类型的亲子关系。有的与父母之间亲密和谐，互相关心、互相尊重，遇事彼此信任、真诚沟通；有的与父母之间关系疏离，平时交流沟通少，想早日离开父母独立生活；还有的常常因学业、日常生活安排等与父母发生冲突。其中，互相信任、亲密和谐的亲子关系是最理想的亲子关系。

不同类型亲子关系的形成原因比较复杂，与父母的教养方式、性格特点及其童年经历等有关，也与子女的个性特点有关。亲子关系不是一成不变的，如果不注意维护，安全型依恋关系会变成不安全型依恋关系；不安全型依恋关系，也可以通过亲子双方良好沟通、互相理解得到改善。我们要理解父母、感恩父母，努力营造亲密和谐的亲子关系。

### 启思导行

● 结合你与父母的关系，想一想：如果想使自己与父母的关系更和谐，可以做些什么？简要写在下面的横线上。

______________________________

______________________________

## 二、理解父母，学会感恩

### 1. 珍视亲情，理解父母

### 阅读与思考

“你去哪儿？和谁去？去干什么？什么时候回家？”

“上课专心听讲，认真记笔记，该背诵的全都背下来。”

“自己的衣服要学会自己洗，你都这么大的人了！”

“都几点了？放下手机，赶紧睡觉！”

“别总想着减肥，你现在正是长身体的时候。”

“把后背挺直，不要站没站相、坐没坐相。”

● 你的父母常常跟你“唠叨”些什么？他们为什么常常说这些话？

● 你一般如何对待父母的“唠叨”？

我们总是认为自己已经长大成人，希望父母不要过多干涉自己的生活。然而，在很多父母眼中，孩子永远是孩子，他们总是为子女的成长操心，也不可能完全放手。因此，亲子之间难免会产生或多或少、或轻或重的隔阂与冲突。这就需要有效化解亲子冲突，增进亲子之间的理解和信任。

> 父母者，人之本也。
> ——司马迁

珍惜亲情，尊重父母。亲情是无法取代的感情，在与父母的交往中，要珍惜父母的关爱，感激父母的付出，尊重父母的建议。如果把父母的爱视为理所当然，对他们没有耐心，甚至无理取闹、言行顶撞，就容易出现隔阂或冲突。

反躬自省，理解父母。每个人都有自己的优点和缺点，父母也不例外。随着自身的成长，我们会逐渐发现父母其实并没有儿时以为的那么完美。这时，要先反思自己，要多发现父母的长处，多理解父母的不易，懂得他们并非无所不能。

换位思考，体谅父母。父母的唠叨、责怪，因各种原因无法时常陪伴等，都是困扰我们的问题。当对父母的做法不满意时，当父母偶尔做得不好时，应尝试站在父母的角度来思考。这样，我们就会从父母的唠叨中感受到他们的关心，从父母的责怪中体会到他们的期待，也能体谅他们无法时常陪伴我们的无奈。我们要相信父母，他们在用自己的方式表达着对我们的爱。

## 相关链接

在人际交往中，换位思考是重要的为人处世方式，是融洽人际关系的润滑剂。换位思考就是设身处地为他人着想，即想人之所想。大多数人习惯站在自己的角度去思考问题。假如我们能换一个角度，站在他人的立场上去考虑，就会多一些理解和宽容。

如何做到换位思考呢？可以尝试使用空椅子技术。摆出两张椅子，当坐到一张椅子上时就扮演自己，当坐在另一张椅子上时就扮演别人，双方展开对话。这会帮助我们站在他人的角度考虑问题，从而更好地理解他人。

坦诚沟通，信赖父母。儿时的我们与父母无话不谈，现在的我们常常对父母欲言又止，与他们的关系也似乎开始疏远。我们可能会认为父母不理解自己，无法为自己提供有益的帮助。其实，很多时候，是我们没有给他们了解和帮助我们的机会。我们要与父母坦诚沟通，让父母知道我们的喜怒哀乐和所思所想，从而消除不必要的误会，增进彼此间的理解和信任。

## 2. 心怀感恩，让爱生爱

### 阅读与思考

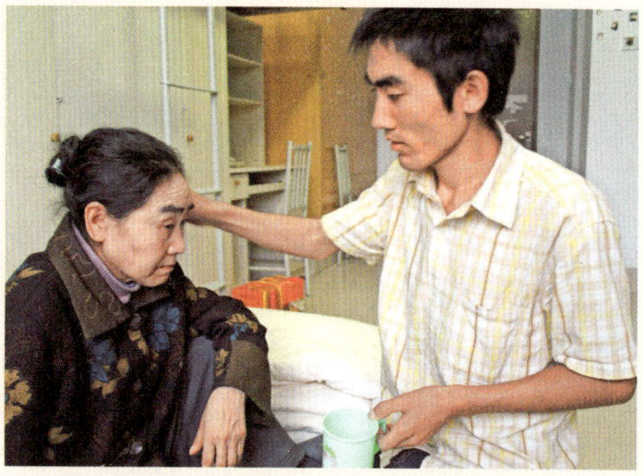

刘秀祥出生于贵州一个偏僻的山村。他四岁时，父亲去世，母亲也因病而生活不能自理。刘秀祥一边照顾母亲，一边读书。2008年，刘秀祥考上大学，他带着母亲继续求学，“千里背母上大学”的事迹在社会上引起强烈反响。大学毕业后，刘秀祥回家乡当了一名乡村教师。每天下班后，他总要匆匆赶回家去照顾母亲。刘秀祥用实际行动谱写了一曲孝老爱亲、自强不息的青春之歌。

刘秀祥不仅爱自己的母亲，也爱自己的家乡。从教至今，刘秀祥把自己的全部奉献给了教育事业。他走遍村庄，只为通过教育改变更多大山孩子的命运；他组织开展“乡村助学行动”帮助贫困学生完成学业；他开展公益励志演讲上千场，听众达上百万人。他用自己的实际行动告诉家乡的孩子们奋斗的力量。2020年，刘秀祥先后获得“中国青年五四奖章”和“全国最美教师”荣誉称号。2022年，刘秀祥当选为党的二十大代表。

- 刘秀祥如何表达对母亲的爱？
- 在平时的生活中，你是如何表达对父母的爱的？

谁言寸草心，报得三春晖。
——孟郊

“羔羊跪乳尚知孝，乌鸦反哺孝亲颜。”父母赋予我们生命，抚育我们成长，教给我们知识、技能和做人的道理。我们也要饮水思源、心怀感恩，用语言和行动真心孝敬父母、主动回报父母，做一个既懂得爱又有能力去爱的人。

饮水思源，感恩父母。花儿感恩大地的滋养，鱼儿感恩大海的包容。只有真正懂得父母的爱与付出，才会真心感恩父母。在日常生活中，要常怀感恩之心，一顿可口的饭菜、一句反复的叮咛、一把遮雨的雨伞、一件温暖的外套，都可以体现出父母对我们的爱与付出。

行胜于言，孝敬父母。“百善孝为先”，孝敬父母既是为人子女的本分，也是中华民族的传统美德。孝敬父母要铭于心、宣于口，还要践于行。当父母工作一天回到家中时，可以为他们倒上一杯温水；当父母遇到困难、情绪低落时，可以用笑脸和问候安慰、鼓励他们；当父母身体不舒服时，可以尽力照顾他们。孝敬父母的方式有很多，要让他们感受到我们的体贴和温暖。

## 相关链接

**对父母表达爱的方式**

- 肯定的言辞：用语言肯定、赞美父母。
- 为家庭服务的行动：通过洗碗、拖地等行动，力所能及地帮父母分担家务。
- 贴心的陪伴：珍惜与父母共度的时光，通过一起聊天、吃饭、散步等方式陪伴父母。
- 精心的礼物：在父母生日、结婚纪念日等重要时刻，送给他们小礼物。礼物轻重不在于价格，而在于心意。
- 身体的接触：和父母拥抱、拉手，为他们揉肩、捶背等。

珍惜亲情，回报父母。要珍惜父母对我们的爱，并采用适当方式回报父母。回报父母不仅仅是经济独立之后的物质赡养，还体现在平时学习和生活中的点点滴滴。我们可以努力学习、增强本领，回报父母的无私奉献和殷切期望；可以主动分担家务、不向父母提过分要求，减轻他们的生活压力；还可以主动亲近父母，努力同父母保持亲密融洽的关系，让他们感受到我们的尊重、体谅和信任。

## 启思导行

在我们成长的每个阶段，家人对我们的付出有哪些？为了向家人表达我们的爱，你打算从哪些方面做起？填写下表。

| 家人对我们的付出 | 向家人表达我们的爱 |
|---|---|
| | |

# 第8课
# 良师相伴　亦师亦友

“师者，所以传道受业解惑也。”老师是人类灵魂的工程师，关爱着学生心灵的成长；老师是学习花园的园丁，播撒着智慧的种子；老师是知识海洋的舵手，引领着学生扬帆起航。在良好的师生关系中，老师既是良师也是益友，引领、激励、陪伴着我们的成长。学习本课，我们将了解更多师生关系，学会化解师生冲突，促进师生和谐相处。

## 一、良师相伴，助力成长

### 1. 认识师生关系

**阅读与思考**

某班级一次班会课的主题是“我与我的老师”，同学们畅所欲言，兴致勃勃地说起自己遇到过的老师，分享与老师的相处方式。

王老师幽默风趣、平易近人，但她对我们要求很严格。如果我们上课不好好听讲、不认真做作业，她就会引经据典、非常严厉地批评我们，声音“震天响”。但我们都相信“严师出高徒”，大家都很喜欢她。

我在工厂实习时，有一次被师傅误会，当时很委屈也很生气。想通后，我心平气和地与师傅解释、沟通。师傅了解真实情况后，不仅理解我，还向我道歉。我与师傅的关系更加融洽了。这件事情让我明白，遇到问题不要怕，理性解决很重要。

- 上述故事反映了怎样的师生关系？
- 你理想中的师生关系是什么样的？

从懵懂无知的儿童，到朝气蓬勃的学子，在求知的道路上，我们会遇到许多可敬可爱的老师。其中，既有在课堂上传授知识的老师，也有在实践中传授技能的师傅。

师生双方互相尊重、关心、理解、信任，形成和谐的师生关系。老师以民主平等的方式对待学生，与学生一起制订学习目标和学习计划，激励学生持之以恒地努力学习，关心爱护学生，成为学生的知心朋友；学生跟着老师学习，虚心接受老师的教导，主动与老师互动和交流，从老师那里获得肯定、鼓励和支持。这种良好的师生关系有助于学生的成长与进步。

## 相关链接

### 良好师生关系的特征

**尊师爱生**

学生尊敬老师，礼貌待师，协助配合老师工作，虚心接受老师指导；老师关心爱护学生，教导帮助学生。

**教学相长**

老师和学生在教学活动中相互影响和促进，彼此都得到提高。

**心理相容**

老师和学生在心理上协调一致，在教学过程中和谐融洽、亦师亦友。

**民主平等**

老师理解学生，平等地与学生交往，允许学生合理表达自己的想法。

在现实生活中，师生关系也可能存在冷淡甚至其他不和谐的情况。有的学生对老师疏远、敬而远之，与老师的互动交流较少；有的学生不尊重老师，不听从老师的教导，甚至与老师发生冲突。有的老师不够理解学生，甚至有时因不了解情况而误解学生，导致师生关系紧张。这样的师生关系不仅不利于师生间的沟通与交流，也难以让老师走进学生的内心世界，无法为学生提供切实有效的指导和帮助，不利于学生自身的成长与进步。

## 2. 和谐师生情，润物细无声

### 阅读与思考

孔子是我国古代著名的教育家，他培养了大批人才，被尊为“万世师表”。孔子与弟子的关系常常被作为师生关系的典范。

在课堂中，孔子与弟子亲切交谈，共同讨论问题，在和谐融洽的学习气氛中，弟子们畅所欲言。在日常相处中，孔子以身作则，用自己的言行为弟子树立学习的榜样。孔子还在生活的各个方面为弟子答疑解惑，留下了许多脍炙人口的名言警句。孔子用“三人行，必有我师焉”告诫弟子保持谦虚谨慎，用“己所不欲，勿施于人”教导弟子学会换位思考，用“岁寒，然后知松柏之后凋也”鼓励弟子养成坚忍的品质……

孔子深受弟子们的敬重和爱戴。被后世尊为“孔门七十二贤”之首的颜回，知礼懂礼，尊师重道，努力践行孔子的学说，并一以贯之。子路性情刚直、好勇尚武，但他接受孔子的劝导，一生追随、保护孔子。子贡在学业、政绩上有突出成就，对孔子感情深厚，“万仞宫墙”的典故，便出自子贡称赞孔子的学问高深。

- 孔子与弟子的师生关系有什么特点？
- 结合自身经历，说说良好师生关系的积极作用。

良好的师生关系有助于学生的学业发展。良好的师生关系有利于创造既严肃又活泼、既紧张又自由的学习气氛。在这样的氛围中，学生学习的积极性更高，注意力更集中，思维更活跃，学习效果更好。学生良好的表现也会激发老师的教学热情，提高教学质量。良好的师生关系，使老师的教和学生的学形成良性循环。

良好的师生关系有助于塑造学生的良好品德。在良好的师生关系中，学生往往主动亲近老师，乐于接受老师的教育，听从老师的教诲和建议；学习老师身上的优良品德，并视其为学习榜样。良好的师生关系也有利于老师发挥言传身教的作用，通过自己的一言一行，潜移默化地塑造学生的道德品质。

> 千教万教，教人求真；千学万学，学做真人。
>
> ——陶行知

良好的师生关系有助于学生的心理健康。在良好的师生关系中，老师的关爱、鼓励、信任和尊重，可以帮助学生以积极、乐观、向上的心态面对学习和生活。当问题发生时，学生更愿意向那些与自己关系较好的老师倾诉烦恼并寻求帮助。老师会用耐心的倾听鼓励学生说出内心的困扰，用暖心的话语抚慰学生焦躁的情绪，用切实的建议帮助学生解决问题、战胜困难。

### 启思导行

- 向同学介绍一位自己喜欢的老师，分享这位老师对自己成长的帮助。简要写在下面的横线上。

______________________________

______________________________

## 二、化解冲突，促进和谐

### 1. 理性化解师生冲突

#### 阅读与思考

情境1：李老师正在上课，小王却趴在桌上睡觉。李老师提醒他好好听课，小王嘟囔着说："好烦，我又没有影响你上课！"李老师便让小王下课后找她聊聊，可是小王下课后不愿意找老师沟通。

情境2：小黄到汽车维修厂实习，带他的师傅好像特别忙，一天也跟他说不上几句话。小黄远远地站在师傅后面，不知如何是好。这天，师傅说："你自己不会找点事做吗？"小黄很委屈，心里想："你也没告诉我要干什么啊！"

- 在上述情境中，师生之间出现了怎样的问题？
- 面对上述情境，你会怎么做？

在与老师交往时，要把握分寸，既要换位思考、理解老师，又要保持理性、避免冲动，与老师坦诚相待、彼此信任。

换位思考，理解老师。老师承载着传播知识、传播思想、传播真理，塑造灵魂、塑造生命、塑造新人的时代重任。学生健康成长、勤奋学习是老师最大的心愿。当师生关系出现问题时，要学会换位思考，冷静客观地分析原因，多从自身反思。要理解老师的良苦用心，正确理解老师的要求和期待。

保持理性，避免冲动。要虚心听取老师的教诲，理性对待老师的评价。要把老师的表扬看作一种鼓励和期待，把老师的批评当成一种鞭策，有则改之，无则加勉。要相信老师的善意，避免因一时冲动而与老师发生不必要的冲突。

### 相关链接

为落实立德树人根本任务，保障和规范学校、教师依法履行教育教学和管理职责，保护学生合法权益，促进学生健康成长、全面发展，教育部于2020年12月颁布了《中小学教育惩戒规则（试行）》。

教育惩戒，是学校、教师基于教育目的，对违规违纪学生进行管理、训导或者以规定方式予以矫治，促使学生引以为戒、认识和改正错误的教育行为。教育惩戒不是惩罚，而是学校、教师行使教育权、管理权、评价权的具体方式。

坦诚相待，彼此信任。许多人际冲突源于误会，师生冲突也不例外。坦诚相待是消除误会的法宝。遇到问题时，要坦诚向老师表达自己内心的想法，解释作出某种行为的原因，从而消除双方之间的误会，建立起对彼此的信任。

## 2. 真诚促进师生和谐

### 阅读与思考

人民领袖毛泽东，深受全国人民的尊敬和爱戴。他在尊师方面，也为我们树立了光辉的榜样。

杨昌济是毛泽东在湖南第一师范学校读书时的老师，毛泽东常在周末和节假日到杨先生的住处登门求教，讨论问题，改正笔记。

徐特立是毛泽东一直非常敬重的另一位老师，1937年徐老60寿辰时，毛泽东写了一封热情洋溢的贺信说："你是我二十年前的先生，你现在仍然是我的先生，你将来必定还是我的先生。"1947年徐老70寿辰时，毛泽东又题词"坚强的老战士"送给他，表示尊敬和祝贺。

- 从材料中，你学到了哪些师生相处之道？
- 我们应该如何建立良好的师生关系？

良好的师生关系不是一蹴而就的。我们可以用礼貌的言行和勤学好问的态度获得老师的认可，通过主动交往和真诚关心拉近师生间的距离，逐渐建立起和谐融洽、亦师亦友的师生关系。

言行有礼。尊敬师长是中华民族的传统美德，也是每一位学生应该遵守的行为准则。在日常生活中，见到老师主动问好，与老师说话使用礼貌用语，这些基本礼仪表达了学生对老师的敬意。在教学活动中，坐姿端正，专心听讲，不随意打断老师讲话，积极举手回答问题，认真完成学习任务；在岗位实习中，遵守实习单位的纪律，不迟到、不早退，听从带教师傅的教导，积极学习实践技能。这些都体现了学生对老师、师傅的尊重。

## 相关链接

杨时和游酢都是北宋著名理学家程颐的弟子。有一次，二人一起去拜见程颐，想要向他请教问题，却从窗外看到程颐正在闭目养神。他们不忍心打扰老师，就恭敬地站在门外静候，没有离开。等程颐觉察时，门外的雪已经有一尺深了。后来，二人得到程颐真传，双双成为北宋著名的理学家，程门立雪的故事也成为中国古代尊师重教、勤学好问的典范。

> 知而好问，然后能才。
>
> ——荀子

勤学好问。每个老师都喜欢学习态度积极的学生。勤奋好学、虚心求教可以增加与老师互动的机会，促进学业进步。要珍惜与老师交流的机会，不仅要在课上积极举手提问和回答问题，还要在课下主动向老师请教，做个勤学好问的好学生。

主动交往。良好的师生关系是在日常互动中逐渐建立起来的。老师虽然希望与每位学生建立和谐的师生关系，但也难免会忽略部分学生的需求。有些学生虽然渴望从老师那里获得指导和关注，却因各种原因没能与老师形成良好的沟通与互动。在与老师的交往中，要主动争取与老师接触的机会，可以从见面主动问候老师、协助老师整理教具等小事做起，逐渐拉近与老师的距离。

真诚关心。人与人之间的关心是相互的，这是建立良好人际关系的前提，师生关系也不例外。在接受老师关爱的同时，要心怀感恩，以适当的方式主动向老师表达谢意和关心。一个温馨的笑容、一句真诚的问候，都会让老师倍感温暖。

## 启思导行

- 学校组织开展“我与老师心连心”活动，分组讨论，为这次活动设计方案。

# 第9课
# 友好相处　学会合作

同学，好似兄弟姐妹，一路陪伴着我们成长。同学之间的情谊，如鲜花带来馨香，如雨露滋润心田，如阳光传递温暖。学习本课，我们将一起体会和谐相伴的同学情，学习与同学友好相处、结交益友的技巧，掌握在集体生活中融入团队、合作共赢的方法。

## 一、相伴相助，融洽相处

### 1. 和谐相伴同学情

**阅读与思考**

和同学讨论问题

和同学一起参加厨艺比赛

帮同学打水

● 结合上述场景和自己的经历，说说构建和谐同学关系的作用。

在学校的集体生活中，我们结识了许多同学并互相陪伴、互相帮助、互相鼓励、共同成长，形成了和谐的同学关系。和谐的同学关系是我们心理健康和个人发展的有力保障。

和谐的同学关系有助于满足归属和交往的心理需要。我们都希望得到集体的接纳和认可，同学的陪伴和支持。集体的接纳和认可带来归属感和安全感，同学的陪伴和支持给我们温暖和快乐。当归属和交往的需要得到满足时，我们就会心情愉悦、积极乐观。

> 君子以文会友，以友辅仁。
> ——曾子

和谐的同学关系促进个人发展。“独脚难行，孤掌难鸣”，个人的发展离不开他人的帮助。和谐的同学关系有助于发展我们的社会交往能力。在与同学的交往中，我们结交朋友，收获真挚的友谊；学习榜样，汲取前进的力量；互相支持，共克学业难关；取长补短，共同成长。

**相关链接**

同伴关系良好能促进青少年社会化的发展，为青少年获得成熟的社交技能提供重要机会，是青少年获得安全感、归属感和社会支持的重要来源，有利于青少年自我概念的形成和健康人格的发展。

同伴关系不良会影响青少年的学校适应，如学业失败、情绪失调、问题行为等；也会在一定程度上影响青少年成年后的人际关系、心理健康等。

## 2. 友好相处有方法

**阅读与思考**

小许和小杨是好朋友。小许学习很刻苦，成绩也很好。小杨和小许形成鲜明对比，他不喜欢学习，上课不是睡觉就是走神。小许很为小杨着急，他决定跟小杨谈谈，可是没说几句，小杨就很不高兴了，生气地说：“你还是我的好朋友呢！一点都不理解我！”小许心里很委屈，但是又不知道该说些什么，怕再惹小杨不高兴，影响他们之间的友谊。

小赵最近在实习，每天晚上回来都说太累了，把袜子扔在床底下，脚也不洗，直接睡觉。他想等周末有空时再把所有袜子一起洗了。小李住在小赵的下铺，有一天，他实在忍不住了，跟小赵说：“你再天天把臭袜子往床底下塞，我就把它们扔垃圾桶里！”

- 如果遇到了上述情境，你会如何处理？

良好的同学关系需要积极建立和维系。在日常生活中，可以根据实际情况采取适合自己的方式来建立和维系良好的同学关系。

提升自身修养。一般来说，在人际交往中受欢迎的人，大多具有真诚、友善、可靠、开朗、乐观等特点。在与同学的相处中，要通过不断学习，提高自身涵养，有意识地培养良好的个性品质；也要从点滴细节做起，注意交往礼仪，如仪容整洁、仪表端庄、礼貌待人等。

## 相关链接

青少年在群体中的同伴关系有不同的类型。

| 类型 | 具体表现 |
|---|---|
| 受欢迎型 | 在交往中积极主动，且常常表现出友好、热情的交往行为，受到大多数同学的接纳、喜爱，在同学中有较高的影响力。 |
| 被拒绝型 | 常常采取不适宜的交往方式，被多数同学排斥、拒绝，在同学中影响力较低。 |
| 被忽视型 | 在交往中表现得害羞、退缩或回避，无法融入同伴群体，被大多数同学忽视。 |
| 一般型 | 介于受欢迎型和被拒绝型之间，同学对他们既不特别喜爱，也不特别排斥。 |
| 矛盾型 | 既被一些同学喜爱、接纳，同时也被一些同学排斥、拒绝。 |

学会认真倾听。认真倾听他人说话，可以让他人感受到尊重和重视，使人际关系更融洽。在倾听时需要注意细节。听他人说话，应精力集中、表情专注，有目光交流；可以用微笑表达自己友好的态度，用点头表明对对方的认同和鼓励。

善于有效沟通。有效沟通有利于增进了解、消除误会、建立信任。要勇于表达自己的态度和见解，清晰、准确地表达自己的想法和需求，确保对方领会，避免造成不必要的误会。要充分考虑对方的感受，注意对方的反应，及时调整沟通的措辞和语气，避免出口伤人。

## 相关链接

有效沟通不是对别人的一味迁就。有时，学会说“不”，是对自己和他人更加负责。当然，在拒绝他人时，需要注意一些技巧。

**学会说“不”**

- 看场合，再拒绝。私下拒绝比当众拒绝好，以免使对方觉得没面子。如果无法避开他人，最好事后找机会解释。
- 先肯定，再拒绝。态度友善，先给予肯定再拒绝，能减轻对方被拒绝后的不良感受。
- 先解释，再拒绝。在拒绝之前真诚地说出自己的苦衷，告诉对方拒绝的理由，同时表达歉意。
- 拒绝时要明确、果断，不要模棱两可、犹豫不决。如有必要，拒绝后可以提出替代性方案。

正确处理矛盾。在与同学交往的过程中，还可能存在不和谐的现象。当与同学发生矛盾时，要尽快平复情绪，冷静分析原因。既从自身找原因，反思自己的言语或行为是否不当；也要换位思考，尽量体谅对方的难处。找到原因后，应主动寻求沟通。是自己的错误，就要勇于承认并真诚道歉；是对方的问题，则要心平气和、积极沟通、以理服人。对于自己无法解决的矛盾，可以寻求老师、家长或其他同学的帮助。

### 启思导行

- 在与同学相处的过程中，你有哪些难忘的瞬间？你有哪些与同学友好相处的方法？与同学交流分享。

## 二、结交益友，学会合作

### 1. 志同道合，友谊长久

### 阅读与思考

东汉时，管宁与华歆是同窗好友。一天，两人同在园中锄草，看见地里有片金子，管宁继续挥动锄头，和看到瓦砾一样没有区别，华歆则捡起金子后又扔掉。又一天，两人一起读书时，有位达官显贵乘车路过，管宁不受干扰，继续读书，华歆却出门观看，羡慕不已。管宁见华歆与自己志向不同，便割席分坐，不再以华歆为友。

春秋战国时期的伯牙善于弹琴，钟子期善于倾听。伯牙弹琴时，心里想到高山，钟子期说："这琴声简直就像巍峨的高山屹立在我面前！"伯牙心里想到流水，钟子期又说："这琴声宛如奔腾不息的江河从我心中流过！"不管伯牙心里想到什么，钟子期都能准确道出他的心意。钟子期去世后，伯牙认为再也找不到知音了。于是，他把心爱的琴摔碎，终生不再弹琴。

伯牙鼓琴图

［元］王振鹏

- 上面两则故事流传千古，你从中学到了哪些交友之道？
- 如何让友谊天长地久？

在快乐时，我们会和朋友分享；在悲伤时，我们需要朋友陪伴。要在茫茫人海中把握友谊的缘分，维系朋友间的深情厚谊。

择善而交。在成长的道路上，我们会遇到很多人，有的真诚善良，让我们充分信任；有的德才出众，让我们如沐春风；也有的自私自利、言行不一，给我们带来困扰。“近朱者赤，近墨者黑”，朋友对我们的成长具有潜移默化的影响，要慎重选择朋友，择善而交，多结交志同道合的朋友。

> 益者三友，损者三友。友直，友谅，友多闻，益矣。友便辟，友善柔，友便佞，损矣。
>
> ——孔子

友爱互助。友谊的维系要以友爱互助为原则。当一方需要帮助时，另一方要给对方提供力所能及的帮助。这种帮助可以是物质的也可以是精神的，可以是体力的也可以是脑力的。要与人为善，乐于帮助别人。同时，当自己遇到问题时，也要善于求助他人。“赠人玫瑰，手留余香”，助人者也会感觉很快乐。

共情包容。朋友之间朝夕相处，不可避免地会产生冲突。如果斤斤计较，往往不欢而散，甚至与朋友分道扬镳；如果宽容大度，体谅对方，就会让朋友之间的不快随风而去。共情包容不代表软弱、怯懦，相反，它是有度量的表现。共情包容是友谊的润滑剂，能“化干戈为玉帛”，让友谊更长久。

### 相关链接

共情是站在他人的角度体会对方的感受。在与朋友交往过程中，良好的共情意味着向朋友表达：我能了解你的感受，我能理解你的心情，我能体会你的难处。

共情分为初级共情和高级共情。初级共情是通过积极倾听，了解对方的内心体验和想法，并反馈给对方。高级共情是在积极倾听的基础上，表明自己的态度来影响对方。比如，朋友在运动会上没有得到好成绩，他说：“我平时比别的同学付出更多的时间来练习，没想到成绩还是很差，我真的很难受。”听了朋友的这番话，初级共情者会说：“知道你很努力，但是比赛结果还是不太理想，我能理解你现在的痛苦。”高级共情者会说：“我理解你的感受，但为班集体争光，你已经尽力做了能做的一切，我想同学们也会这么想的。”

志同道合。志趣相投、目标一致的朋友才能一路同甘共苦、相互扶持、共同进步。志同道合是友谊的最高境界。志同道合的朋友有着共同的价值观和一致的奋斗目标，互相帮助、彼此激励、共同进步。志同道合的友谊更经得起时间的考验和风雨的洗礼。

想要结交志同道合、长久相伴的知心好友，要在交友之前，慎重选择、择善而交；与朋友相处时，要友爱互助、共情包容；更要珍惜身边志趣相投的知音挚友。朋友不在多，贵在同道、贵在知心。同道才能共行，知心才能互信。

## 2. 融入团队，合作共赢

### 阅读与思考

在我国北方，每当秋季来临，天空中就会有成群结队的大雁向南方迁徙。在迁徙过程中，大雁分工合作，互相帮助，直至到达目的地。南飞的大雁是值得我们学习的团队合作榜样。

雁群由许多有着共同迁徙目标的大雁组成。在飞行过程中，大雁大声嘶叫以相互激励，通过共同扇动翅膀形成气流，这比单独飞行要快得多。在团队中，大雁有明确的分工合作。当中途飞累了停下休息时，它们中有负责觅食、照料年幼或年老大雁的“勤务兵”，有负责雁群安全的巡逻放哨的“卫兵”，有安静休息、恢复体力的“排头兵”。

在雁群进食的时候，巡逻放哨的大雁一旦发现有“敌人”靠近，便会长鸣一声给出警示信号，大雁们便整齐地冲向蓝天，列队远去。放哨的大雁，在其他大雁进食的时候不吃不喝、恪尽职守。另外，领头雁除了引领雁群的飞行方向和队形外，还能帮助身后的大雁减少飞行阻力，在漫长的迁徙过程中做领头雁，也是一种奉献。

- 大雁之间是如何分工合作完成迁徙的？
- 大雁的分工合作给你哪些启发？

我们在班级和学校中学习和成长，集体生活要求同学之间团结合作、互相帮助、共同进步。当今社会专业分工越来越细，知识技术不断更新，这使得许多工作、任务都需要与他人合作完成。团队合作能力是适应社会、迎接挑战、取得职场成功的必备素质。只有学会合作，才能实现共赢。

明确目标，融入团队。团队是有共同目标的，南飞的大雁，迁徙是它们的共同目标。对于我们而言，当进行班级课间操评比时，班级是一个团队；当课堂进行小组活动时，小组是一个团队；当举行宿舍卫生比赛时，宿舍是一个团队。作为团队中的一员，要把个人行动融入团队目标，和团队成员一起为了实现目标而努力，凭借集体的力量实现合作共赢。

发挥所长，分工合作。团队不同于个体，团队要求成员之间分工合作，各司其职。在团队中，每个人都不可能十全十美，但是都会有自己的闪光点。团队成员需要了解自身长处，在团队任务中积极参与，发挥所长、勇于担当。团队成员各有所长、优势互补，才能形成合力、高效协作。

## 相关链接

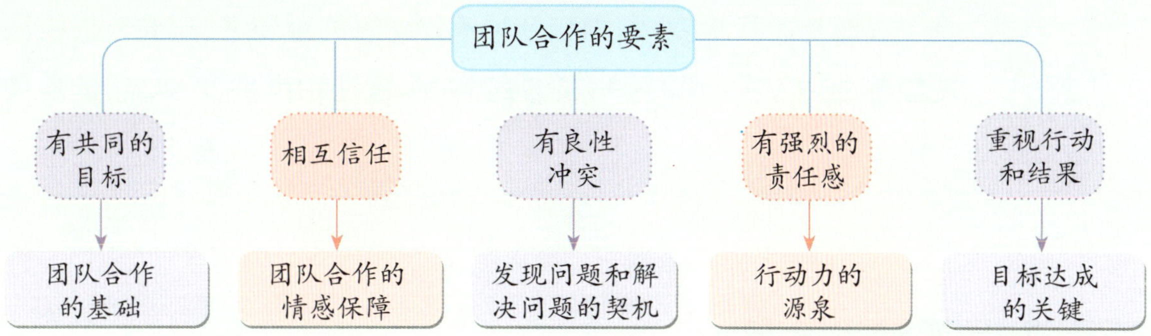


乐于付出，共同进步。“人心齐，泰山移”，个人的力量是有限的，只有积极融入团队，才能得到更好的发展。一只大雁即使拥有再强健的体魄，也难以独自到达雁群所能到达的地方。个人目标的实现依赖团队目标的达成，团队目标只有通过团队成员共同努力才能实现。团结就是力量，团结才能胜利。在团队中，既要注意充分发挥个人所长，又要顾全大局、乐于付出，只有这样，才能充分依靠和发挥团队的力量，实现个人和团队的共同发展。

## 启思导行

● 与同学一起做团队合作的小游戏，如拔河比赛、蒙眼作画等，体会团队合作的重要性，并讨论在平时的学习与生活中，应该如何与他人合作。填写下表。

| 小游戏 | 在游戏中的角色与分工 | 与他人合作的方法 |
|---|---|---|
| | | |
| | | |
| | | |

# 第10课
# 和谐校园　共同维护

平安文明的校园环境，不仅是我们学习和生活的基本保障，也有利于我们身心的健康发展。然而，在学校生活中，可能会有一些如校园欺凌和暴力等不和谐的现象，也可能潜伏一些不良诱惑。学习本课，我们将了解抵制校园欺凌、暴力和各种不良诱惑的重要性，学会应对校园欺凌和暴力，拒绝毒品，预防艾滋病，共同营造和维护安全、和谐的校园环境。

## 一、抵制校园欺凌和暴力

### 1. 识别校园欺凌和暴力

**阅读与思考**

某职业学校针对校园欺凌和暴力现象，举办了法治进校园活动，组织学生学习《中华人民共和国未成年人保护法》《教育部等九部门关于防治中小学生欺凌和暴力的指导意见》等。在活动中，同学们明白了既不能做“沉默的受害者”，也不能做“冷漠的旁观者”，更不能做“残忍的施暴者”。

- 你认为哪些行为属于校园欺凌和暴力？
- 校园欺凌和暴力有哪些危害？

安全文明、温馨和谐的校园环境为我们的学习和生活提供了保障。然而，校园中也有一些不和谐的音符，甚至会发生校园欺凌和暴力事件。这不但影响我们正常的学习和生活，损害我们的身心健康，还会造成极为恶劣的社会影响。

### 相关链接

校园欺凌和暴力是指发生在校园内外、学生之间，一方（个体或群体）单次或多次蓄意或恶意通过肢体、言语及网络等手段实施欺负、侮辱，造成另一方（个体或群体）身体伤害、财产损失或精神损害等的事件。校园欺凌和暴力是一种特殊类型的暴力行为，与一般暴力行为的根本区别在于以强凌弱、以大欺小、以众欺寡。欺凌和施暴者通常在身体、心理、社会地位或者人数上占优势，而受害者往往不能有效自卫。根据严重程度，校园欺凌和暴力行为可以分为违规、违法行为和刑事犯罪。

校园欺凌和暴力有不同的类型，包括身体欺凌和暴力、言语欺凌和暴力、关系欺凌和暴力等。身体欺凌和暴力，主要表现为蓄意伤害别人身体或抢夺、故意破坏他人物品等行为；言语欺凌和暴力，主要表现为起侮辱性外号、戏弄、辱骂、恐吓等行为；关系欺凌和暴力，主要表现为运用人际关系或关系网络散布谣言、社会孤立或排斥等行为。有的欺凌和暴力是通过网络进行的，这些行为通过电子通信工具对他人蓄意实施，且不受时间、地点的限制。

### 相关链接

网络欺凌和暴力所涉及的形式包括通过数字平台，如社交网站、聊天室、博客、即时消息应用程序和短信等，以文本、图片或音视频等电子信息，蓄意对他人进行骚扰、威胁、排挤或散布关于他人的谣言。有时这些行为是以匿名的形式实施的。

校园欺凌和暴力有很大危害，严重干扰和影响我们正常的学习和生活。受害者会因欺凌和暴力遭受身体和心理创伤。欺凌和施暴者性格可能会变得更加暴躁，难以控制自己的行为，甚至会走上违法犯罪的道路。旁观者则会因为欺凌和暴力行为的刺激产生内疚、恐惧、无助等不良心理反应。

## 2. 对校园欺凌和暴力说“不”

### 阅读与思考

某校发生了一起校园欺凌和暴力事件，受害者遭到多名施暴者的殴打、羞辱，身心受到极大伤害。受害者求助家长和老师，并及时报警。通过学校和警方合力处理，所有施暴者受到了应有的惩罚。

- 上述案件中，受害者是如何应对校园欺凌和暴力的？
- 如果遇到了类似事件，我们应该怎么做？

对于校园欺凌和暴力，要明是非、守规矩、懂法律，要增强自我保护意识和能力，同时也不要恃强凌弱。

增强防范意识，学会自我保护。上学、放学和外出活动时，尽可能结伴而行；独自出行时，不走偏僻的地方；要按时回家。不公开显露自己的财物。遇到纷争适度退让，控制冲动和愤怒。自己有过错，要主动道歉，尽可能化解矛盾。使用网络时，要注意保护隐私。

机智应对欺凌和暴力。当欺凌和暴力事件发生时，自身安全永远是第一位的，不要去激怒对方，要学会机智周旋，缓解气氛，减少伤害，并寻找各种机会自救，尽快离开现场，不要以暴制暴。事后，也不要默默忍受，应第一时间向老师和家长求助，必要时报警，通过法律途径解决。校园欺凌和暴力带来的心理创伤难以愈合时，要向心理老师或专业的心理咨询机构寻求帮助。

### 相关链接

12355 青少年服务台是共青团中央设立的青少年热线电话。该热线旨在为青少年提供心理咨询服务和法律咨询援助，引导青少年依法反映诉求，动员社会力量帮助青少年解决实际困难和问题，促进青少年健康成长。全国各地均设有 12355 热线。

12355
青少年服务台

当校园欺凌和暴力事件发生时，旁观者也应伸出援助之手，不能成为事件的局外人，更不能成为参与者。要在保证自身安全的前提下，以合理合法的方式，尽己所能，阻止欺凌和暴力行为，必要时还可以留存证据、协助报警或求助他人。

### 相关链接

应对网络欺凌和暴力

- **理智应对**：采用更换账号、不予回应、不参与跟帖等方式，使网络欺凌和施暴者的目的无法达成。
- **及时报告**：告诉父母、老师或主动向学校举报，必要时选择报警，同时妥善保存好聊天记录，以便日后取证。
- **提供支持与协助**：旁观者应积极留存证据，提供协助。同伴给予受害者的支持和帮助，能够有效遏制网络欺凌和暴力。

### 启思导行

- 分组查找相关资料，写一份关于校园欺凌和暴力情况的调查报告，在班级分享与交流抵制校园欺凌和暴力的方法。

## 二、筑牢心灵的防火墙

### 1. 辨识不良诱惑

#### 阅读与思考

在日常生活中，卡通贴纸、可爱的糖果、美味的奶茶等，非常受同学们欢迎。然而，不法分子却以类似形式制成毒品。这类毒品对人体伤害极大，有可能是所谓“好友”拿给我们“欣赏”或“品尝”的。我们要提高警惕，加深对毒品的认识，防止误入歧途。

- 毒品的危害有哪些？
- 除了毒品，生活中还会有哪些不良诱惑？

在成长过程中，我们会遇到有害信息、烟酒、赌博，甚至毒品等不良诱惑。这些不良诱惑会影响我们的健康成长，甚至会使我们误入歧途。

在青少年阶段，我们的身体快速发育，性意识开始萌动，对性的好奇心格外强烈，但由于性生理和性心理还不成熟，很容易被外界不良诱惑所吸引。“黄色”淫秽读物和影视作品，某些网站宣扬性开放的不健康文字、图片、视频、游戏等有害信息乘虚而入，拜金主义、享乐主义等不良思想也混杂其中。这些都严重干扰我们的学习和生活，对身心健康危害极大，甚至会引诱我们走上犯罪道路。

#### 相关链接

《中华人民共和国刑法》第三百六十四条规定：传播淫秽的书刊、影片、音像、图片或者其他淫秽物品，情节严重的，处二年以下有期徒刑、拘役或者管制。

组织播放淫秽的电影、录像等音像制品的，处三年以下有期徒刑、拘役或者管制，并处罚金；情节严重的，处三年以上十年以下有期徒刑，并处罚金。

制作、复制淫秽的电影、录像等音像制品组织播放的，依照第二款的规定从重处罚。

向不满十八周岁的未成年人传播淫秽物品的，从重处罚。

有些青少年沉迷网络游戏，在虚拟世界中打拼、搏杀以获得心理上的满足，其思想和情感容易与现实生活脱节，在不知不觉中迷失自我，深陷其中难以自拔，危害身心健康。

赌博败坏社会风气、滋生违法犯罪，直接危害人民群众财产安全和社会稳定，还会助长不劳而获、投机取巧的不良风气，甚至导致暴力行为，给人民生命和财产安全造成危害。近年来，赌博已从现实生活扩展到网络空间，网络赌博比线下赌博更隐蔽。

除最容易接触到的烟酒等不良诱惑外，毒品对青少年的危害也不容忽视。毒品能让人成瘾，一旦进入人体，就会影响人的神经系统，破坏人体生理机能和新陈代谢，并引发多种疾病。吸毒者往往会出现一系列神经精神症状，如烦躁、反应迟钝、幻觉、性格孤僻等。毒品是人类社会的公害，是涉及公共安全的重要问题，不仅严重侵害人的身体健康、销蚀人的意志、破坏家庭幸福，而且严重消耗社会财富、毒化社会风气、污染社会环境，同时极易诱发一系列违法犯罪活动。

### 相关链接

《中华人民共和国刑法》第三百五十七条规定：本法所称的毒品，是指鸦片、海洛因、甲基苯丙胺（冰毒）、吗啡、大麻、可卡因以及国家规定管制的其他能够使人形成瘾癖的麻醉药品和精神药品。

近年来，艾滋病发病率在青少年群体中呈上升趋势，其中主要的感染途径为性传播和血液传播。色情诱惑所导致的性滥交，大大增加了艾滋病和其他性传播疾病的传播风险。一些人在无知、自卑、恐惧、无奈状态下乱交“损友”，共用毒品注射器，极有可能通过血液感染艾滋病病毒。我们必须高度警觉，防范艾滋病侵害。

### 相关链接

艾滋病主要通过三种途径传播。

血液传播：通过共用未经消毒的注射器和针头，输入含有艾滋病病毒的血液或血液制品，使用未经消毒或消毒不严的各种医疗器械等传播。

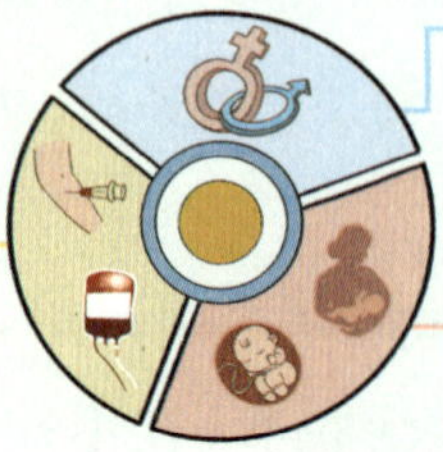

性传播：通过不加防护的异性或同性性行为传播。

母婴传播：感染的母亲在妊娠、生产、哺乳过程中，可将病毒传给胎儿或婴儿。

## 2. 自觉抵制不良诱惑

### 阅读与思考

某学校组织全体学生参加抵制不良诱惑的教育活动。同学们参观了未成年人犯罪典型案例展区，一组组数据、一幕幕镜头、一声声忏悔给在场的每位同学带来强烈的震撼，使大家受到触及灵魂的警示。此次参观学习，让大家看到了不良诱惑对个人、家庭和社会造成的严重危害。大家纷纷表示要引以为戒，坚定意志，自觉抵制各种不良诱惑。

● 结合上述材料，说说在日常生活中应如何自觉抵制不良诱惑。

我们要遵守道德规范、校纪校规和法律法规，养成健康的生活方式，筑牢心灵防火墙，坚决抵制不良诱惑。

积极参加有益身心健康的文体活动，把时间和精力放在学习上，让吸烟、赌博等不良诱惑无机可乘。要主动承担起对自己、对家庭、对社会的责任，追求自己的人生理想，实现生命的价值和意义。

坚决远离“黄色”诱惑，抵制毒品，预防艾滋病。拒绝浏览不健康信息，不过度使用网络，不涉足色情场所、问题网吧等，远离赌博。认清毒品的危害，决不吸食第一口，发现他人吸食毒品时，在力所能及的情况下要及时劝阻，并向家长、老师、公安机关报告。做到洁身自爱，学会保护自己，切断可能的艾滋病传播途径。

### 相关链接

艾滋病是一种危害性极大的传染疾病，大部分艾滋病患者存在不同程度的绝望、焦虑、抑郁、恐惧和孤独等不良心理状态。为推动全球艾滋病反歧视倡导工作，联合国艾滋病规划署确定自 2014 年起，将每年的 3 月 1 日定为世界“艾滋病零歧视日”，旨在呼吁世界各地、社会各界民众，为支持“零歧视”目标从我做起，杜绝歧视言行。

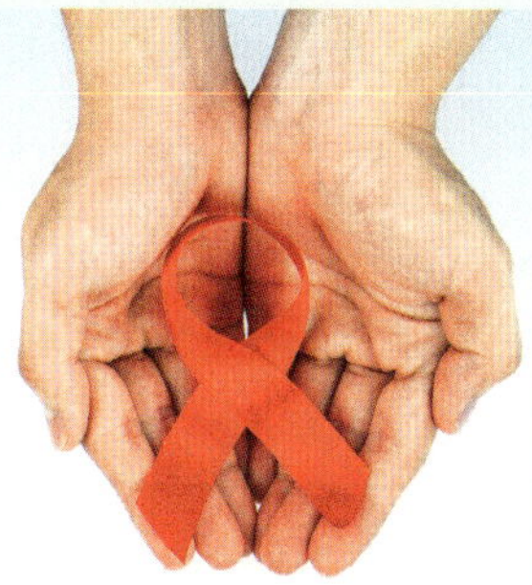

### 启思导行

● 结合身边人、公众人物的经历或相关影视作品，与同学分组讨论不良诱惑的危害和抵制方法，制作手抄报或漫画，并在班级宣传栏里分享。

# 内容概览

- 和谐交往 快乐生活
  - 第 7 课 珍视亲情 学会感恩
    - 浓浓亲情，相伴一生
      - 相伴一生的亲情
      - 我和我的父母
    - 理解父母，学会感恩
      - 珍视亲情，理解父母
      - 心怀感恩，让爱生爱
  - 第 8 课 良师相伴 亦师亦友
    - 良师相伴，助力成长
      - 认识师生关系
      - 和谐师生情，润物细无声
    - 化解冲突，促进和谐
      - 理性化解师生冲突
      - 真诚促进师生和谐
  - 第 9 课 友好相处 学会合作
    - 相伴相助，融洽相处
      - 和谐相伴同学情
      - 友好相处有方法
    - 结交益友，学会合作
      - 志同道合，友谊长久
      - 融入团队，合作共赢
  - 第 10 课 和谐校园 共同维护
    - 抵制校园欺凌和暴力
      - 识别校园欺凌和暴力
      - 对校园欺凌和暴力说“不”
    - 筑牢心灵的防火墙
      - 辨识不良诱惑
      - 自觉抵制不良诱惑

# 学以致用

## 建立和谐的人际关系　筑起心灵的防火墙

### ▶活动目标

1. 了解亲情、师生情、同学情对个人健康成长的重要性，了解校园欺凌、暴力和各种不良诱惑的危害及应对方法。

2. 感悟亲情、师生情和同学情对自我健康成长的重要作用。

3. 学会化解人际冲突，建立和谐的人际关系；自觉抵制校园欺凌和暴力，拒绝毒品，预防艾滋病，筑起心灵的防火墙。

### ▶活动任务与建议

**任务一：以“如何对待长辈的唠叨”为议题，探讨怎样建立和谐的亲子关系**

1. 可分组讨论，说一说父母或其他长辈平常如何“唠叨”，搜集整理“唠叨”的话，体会其中蕴含的期望，在班级交流分享。

2. 可以“长辈的一天”为主题，与家中的长辈谈心，了解长辈生活中最典型的一天是如何度过的，并写下自己的感受，在班级交流分享。

3. 可以“今天我当家”为主题，利用周末时间，承担父母平时的家务劳动，体会父母的辛苦，并写出活动过程和感受，在班级交流分享。

**任务二：以“正确处理师生、师徒关系”为议题，探讨建立良好师生、师徒关系之道**

1. 可开展“尊师爱生”主题班会，讨论化解师生矛盾、增进互相理解的策略，并将讨论结果分类整理成《师生关系促进手册》，在班级分享。

2. 可以“今天我来当老师”为主题，分组承担 20 分钟的教学任务，以小组为单位提交教案，还可安排实际教学，以增进学生对老师的理解。

3. 可以师生交往中常常出现的冲突情境与和谐情境为蓝本，分组自编剧本进行表演，总结处理师生冲突、促进师生和谐的方法。

**任务三：以“让友情天长地久”为议题，探讨如何建立良好的同学、同伴交往关系**

1. 可以“什么才是真正的朋友”为主题展开讨论，探讨如何结交益友，与朋友共同进步。

2. 可以“同一个宿舍的兄弟（姐妹）”为主题，以宿舍为小组，自编剧本进行表演，总结处理同伴冲突、促进同伴和谐相处的方法。

3. 可开展“让友情天长地久”主题班会，探讨让友谊长久的方法，并将讨论结果分类整理成《友谊保鲜手册》，在班级分享。

**任务四：以“筑起心灵的防火墙”为议题，探讨如何抵制校园欺凌和暴力，远离不良诱惑**

1. 可挑选一部反映校园欺凌和暴力或不良诱惑的影视或文学作品，在小组中分享，并分析这些作品中的应对策略是否合适和有效。

2. 可以“网络使用的利与弊”为主题，举行班级辩论赛，探讨善用网络、不沉迷网络的策略。

3. 可以小组为单位制作“拒绝毒品，预防艾滋病”的主题海报，宣传毒品、艾滋病的危害及预防知识，以提高自我保护意识，养成健康的生活方式与行为方式。

## ▶活动评价

| 评价内容 | 评价人员 | 评价方式 | 评价维度 | | | | | | 总结反思 |
|---|---|---|---|---|---|---|---|---|---|
| | | | 语言表达 | 问题分析 | 事件处理 | 成果呈现 | 个人状态 | 团队合作 | |
| | | | | | | | | | |
| | | | | | | | | | |
| | | | | | | | | | |

说明：

- 评价人员：本人、同学、家长、教师等。
- 评价方式：采用赋分评价、评语结论评价等。
- 评价维度：语言表达是否清晰准确，问题分析是否全面准确，事件处理是否恰当，成果呈现是否完整，个人状态是否积极，团队合作是否有效。
- 总结反思：从成效、改进措施等方面进行。

# 第四单元 学会学习 终身受益

“玉不琢，不成器；人不学，不知道。”学习是增长知识见闻、完善个性品德、提高能力素质的必由之路，学会学习是个体发展的关键素养。学习要有积极的态度、清晰的目标、适宜的动机、浓厚的兴趣和灵活多样的形式；还要注重运用科学的方法，合理规划时间，巧妙利用记忆规律并学以致用。学习是贯穿我们一生的事情，永无止境。

在本单元，我们将学做主动的学习者，端正学习态度，明确学习目标，激发学习动机，培养多种兴趣，善用多种学习形式；认识学习方法在提高学习效率和掌握技术技能中的重要意义，学会管理时间，掌握高效的学习方法；了解社会发展对学习提出的新要求，提高数字化学习能力，提升信息素养，树立终身学习意识。

# 第11课
# 主动学习　高效学习

重视学习，善于学习，是梦想变为现实的桥梁。随着社会的发展和进步，学习内容不断更新，学习方式和评价标准也发生了变化，我们需要重新认识学习的本质，掌握科学的学习方法，学会主动学习、高效学习。学习本课，我们将学做主动的学习者，激发学习动力，拓展学习领域；学做高效的学习者，合理规划学习时间，巧妙运用学习策略和记忆规律，活学活用，提高专业技能。

## 一、做主动的学习者

### 1. 主动学习者的特点

**阅读与思考**

小周是中餐烹饪专业的学生。他酷爱钻研厨艺，学习动力十足。在学校，他认真学习烹饪工艺、烹饪原材料等知识，努力掌握烹调技术。和同学外出就餐时，遇到让大家赞不绝口的菜肴，他就会和同学讨论菜肴的食材和烹饪方法。小周的长辈中也有几位厨艺高手。每次家庭聚餐，小周都喜欢到厨房做长辈的助手，和他们交流厨艺心得，还很用心地把自己观察到的菜谱独特配方记录下来。小周很喜欢向网上的厨艺大师们学习，经常观看饮食文化纪录片，揣摩天南海北的中国人的饮食习惯和味觉审美。家里的厨房是小周的厨艺“实验基地”，他会根据自己从多种渠道获得的菜肴烹调技术，尝试制作各种菜肴，让家人品鉴，乐此不疲。

- 小周的故事对你的学习有哪些启发？

任何从经验中获得新知识或新技能，并由此带来心理或行为相对持久变化的活动，都属于学习。每个人都应做主动学习者。一般来说，主动学习者具备积极的学习态度、清晰的学习目标、适宜的学习动机、浓厚的学习兴趣、灵活多样的学习形式等特点。

> 学习要有三心：一信心，二决心，三恒心。
>
> ——陈景润

积极的学习态度。学习态度是个体在学习活动或学习情境中所表现出来的一种稳定的心理倾向。主动学习者通常具有积极的学习态度，能够将注意力集中在学习内容上，在学习过程中获得积极的情绪体验。即便遇到困难和挫折，主动学习者也能够坚持不懈、努力寻找解决办法。

清晰的学习目标。学习目标是对于学习活动能够达到什么结果的预期，以及如何让这个预期变为现实的具体规划。主动学习者往往具有清晰的学习目标，能够制订有效的行动计划，并朝着这个目标努力。

适宜的学习动机。学习动机是激发、指向并维持学习行为的动力来源，可以分为内部动机和外部动机。内部动机是为了个人兴趣和能力提升等而学习，能够从学习过程中获得愉悦体验。外部动机是为了获得良好的学习成绩、物质奖励或他人表扬等而学习。个体的动机强度会影响学习效果。主动学习者具有适宜的学习动机，既会因为个人兴趣或自我追求而自觉自愿地学习，也会为获得让自己愉快的外部奖励而坚持学习。

### 相关链接

研究表明，学习动机水平和学习行为效果之间呈倒U曲线关系。学习动机水平太低，人会缺乏学习愿望和意向，就会导致学习效率低下，从而影响学业。学习动机水平太高，过分看重每一次学习测验结果，人就容易陷入焦虑情绪中，也会影响学习行为效果。适宜的学习动机既能够调动人的学习热情，使人进入学习状态，也能够避免因过于关注成绩而产生焦虑情绪。任务的难易程度不同，学习动机的最佳水平也会发生变化。

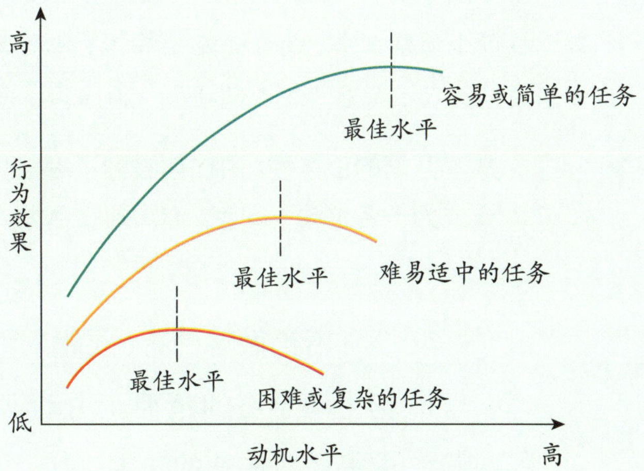

动机水平与行为效果的关系

浓厚的学习兴趣。学习兴趣是个体对学习的积极认识倾向和情绪状态，是以学习需要为基础，推动个体进行学习的内在动力。好奇心和求知欲是学习兴趣的重要成分。浓厚的学习兴趣能使我们积极投身到学习活动中，有助于集中注意力，提高学习效率。

灵活多样的学习形式。学习形式是指获取知识、掌握技能的方式。学习形式多种多样，有理论学习和实践学习，有课堂学习和课外学习，还有线上学习和线下学习等。主动学习者能够针对不同的学习内容，结合自己的学习习惯，灵活运用不同的学习形式，解决学习过程中遇到的问题，不断提升自己的素质和能力。

## 2. 如何成为主动学习者

### 阅读与思考

李万君从职业学校毕业后，被分配到客车厂电焊车间水箱工段。由于工作条件非常艰苦，和他一起入厂的 28 个伙伴，有 25 人在一年内选择离职。李万君却本着干一行、爱一行的精神留了下来，并琢磨着怎样才能把这份辛苦活做好、做精。

每天，工友们在午休的时候，他在琢磨工艺；工友们下班回家了，他还在车间不停地练习。他还很谦虚地四处拜师学艺，向本厂的技术能手学习，也向其他厂里的同行师傅学习。他从不计较得失，厂里要求每人每月焊 100 个水箱，他总会多焊 20 个。因为工作和练习时间长，他的工作服总是等不到厂里统一更换就被磨破了。

李万君还在车间技能比赛中屡次夺冠，并顺利考取了碳钢、不锈钢焊接等多项国际焊工（技师）资格证书，成为全能型焊工；他还拿下了我国技能人才领域最高的政府奖项——中华技能大奖，成为“工人院士”。2019 年，李万君当选为 2018 年“大国工匠年度人物”。

- 从李万君的工作经历中，你看到了哪些优秀品质？
- 要成为一名主动学习者，你需要在哪些方面作出改进？

不论做哪一行，要跟上时代发展步伐，在技能上精益求精，都需要发扬主动学习的精神。主动学习是有效运用学习资源，不断超越自我，并取得职业成就的法宝。

端正学习态度。学习是学生的首要任务，必须全力以赴。当学习让我们感到烦躁、无聊、挫败的时候，不能任由这些负性情绪控制我们，而要想办法调节情绪，尽快从负性情绪中走出来。在学习上遇到困难时，不能举步不前，而要用顽强的意志力坚持下去，体验克服困难带来的成就感，增强学习的信心。

明确学习目标。学会设定明确、恰当的学习目标，让学习目标指导每个阶段的学习行为。对于预期要达成的学习目标，既要有清晰、详细的行为描述，也要有明确的评估标准来衡量目标完成度。目标设定要符合实际，通过努力能够实现；目标与目标之间要具有连贯性和一致性，所有短期目标应服务于长期目标；每个目标都要设定完成时限。

> 合抱之木，生于毫末；九层之台，起于累土；千里之行，始于足下。
>
> ——老子

激发学习动机。调动外部学习动机，可以帮助我们战胜学习上的惰性和畏难情绪。在体验到学习乐趣以后，要把时代要求、社会需求和人民需要转化为我们的学习动机。要注重挖掘学习的内部动机，找到自己擅长或热爱的领域，明确愿意为之奋斗的人生理想，这样才能保持更持久的学习热情。

### 相关链接

心理学家斯金纳提出了强化理论。他认为，如果学习行为能够得到直接强化，包括优异的成绩、物质报酬、言语夸赞等，个体就更愿意学习。心理学家班杜拉还发现，间接强化也能促进学习，如通过观察他人的学习行为是否获得积极反馈而决定自己是否努力学习。

直接强化和间接强化都属于外部学习动机，当我们的学习状态陷入瓶颈期，或者暂时没有学习兴趣的时候，这些外部学习动机能够激励我们坚持学习。但是，若要保持可持续的学习行为，我们更需要调动内部学习动机，比如，享受学习活动本身带来的挑战和乐趣，或希望自己能不断成长，逐步实现心中的理想。

培养多种兴趣。兴趣是最好的老师，用认真钻研的态度发展兴趣爱好，就是在积累有益的学习经验，也是在增长技能本领。所谓“技多不压身”，每一项兴趣爱好，都有可能为我们未来的职业发展增光添彩。培养广泛的兴趣爱好可以充实我们的课余生活，帮助我们结识不同领域的优秀同伴，提升我们的综合素养。

善用多种学习形式。既要通过理论学习积累系统的知识，又要坚持做中学、学中做，将所学知识运用到生活和工作中，促进知识的升华，提升解决实际问题的能力。在课上我们要专心听讲、积极思考，在课后要及时复习巩固。要充分利用课外时间加强学习，灵活运用线上或线下学习资源不断夯实基础、拓展提升。此外，还可以向身边榜样、行业专家、历史人物等学习，借鉴和传承他们的宝贵经验，将其内化为自己的智慧。

## 启思导行

● 4 人为一组，列出 3 个大家在学习中普遍存在的问题，小组成员讨论：主动学习者会如何看待和解决这些问题？填写下表。

| 学习中的问题 | 主动学习者如何看待问题 | 主动学习者如何解决问题 |
| --- | --- | --- |
| | | |
| | | |
| | | |

# 二、高效学习之道

## 1. 珍惜时间，合理规划

### 阅读与思考

小张是中职学校幼儿保育专业的学生，她把每天的学习安排得很充实，各科成绩都很优秀。她的理想是继续深造，将来成为一名幼儿园老师，为此，在日常的学习外，她给自己安排了额外的学习任务。比如，她对幼儿心理很感兴趣，就买了很多书籍，利用零碎时间学习。另外，每天回到宿舍后，她还尝试做一些创意手工。她觉得这既能让自己放松，又能够多一项专业技能和小朋友互动，是一件很值得骄傲、很有成就感的事情。对于制订的学习计划，小张总是能够按时、高效地完成。

● 小张是如何给自己制订学习计划的？
● 小张在时间管理方面有哪些值得我们借鉴的方法？

要珍惜在校学习时间，利用好宝贵的学习时光。每个人的一天都是24小时，如果懂得合理安排时间，时间就能带给我们丰富的知识和卓越的才能；如果得过且过，时间就如白驹过隙，只会留给我们无尽的遗憾。

战胜拖延，立即行动。拖延是时间管理的天敌。有的人经常信誓旦旦地说：“从明天开始，我一定努力学习。”然而，明日复明日，始终没有付诸行动，时间就这样悄悄溜走了。战胜拖延，重在立即行动。

## 相关链接

### 战胜拖延的小贴士

改变信念。如把“不到最后一刻不做作业”的习惯变为“先把作业完成再做别的事情”。

制订行动方案并作出公开承诺。如要考取资格证书，就要制订好学习方案和时间进度表，并请家人和朋友一起监督。

从完成小目标开始。如这个月我要读完一本书，本周要完成前两章。

及时奖励自己。如本周每天都按时完成了作业，周末我要看一场电影。

了解自己的最佳学习时间。要了解自己在一天之中哪个时间段的身心状态最好，可利用这段时间来解决有难度的学习任务。可以记录不同时间段的学习效果，为难易程度不同的学习任务匹配最佳的学习时间，并固定下来，保持有规律的学习习惯。

优先安排重要不紧急的学习任务。根据时间管理四象限法，可以将要完成的学习任务按照重要和紧急程度的两个维度分为四种类型：重要又紧急、重要不紧急、不重要却紧急、不重要不紧急。如果每天都能优先安排重要不紧急的任务，就可以减少重要又紧急或不重要却紧急的任务的发生，就可以从容不迫地把时间花在重要事情上，有效管理时间，循序渐进地积累知识，稳步提高个人能力。

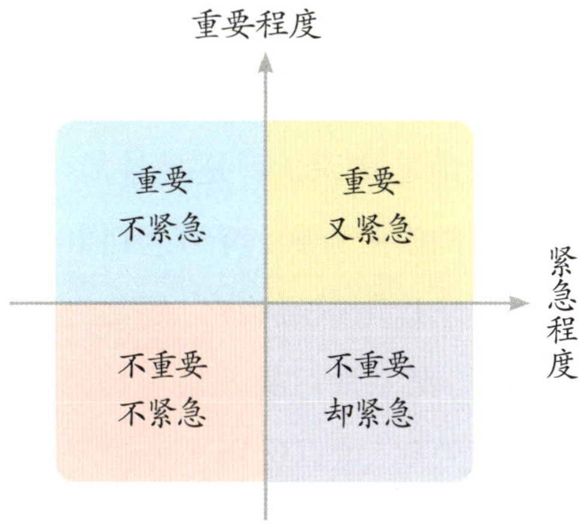


有效利用零碎时间。任何一段时间都是有价值的，哪怕只有几分钟，也能积少成多，做成大事。可以利用整块时间完成重要不紧急的任务；

> 我们应当有一种雷锋的“钉子”精神，挤时间学习，争分夺秒地学习。
>
> ——习近平

利用零碎时间，见缝插针地处理紧急任务或不重要的任务。整块时间与零碎时间的合理利用，能够有效维持有规律的学习习惯，提升学习效率。

## 2. 学习有方，科学高效

### 阅读与思考

高喜喜曾荣获“全国技术能手”“全国劳动模范”等荣誉称号。他在职业学校学习的是数控机床专业，毕业后成为一名一线工人。高喜喜从1994年参加工作以来，车间里的普通车床已更新换代为高精尖数控加工设备，设备换了一批又一批，他依旧默默奋战在第一线。从普通铣工到数控机床操作员，从操作员到技术攻关带头人，他刻苦钻研业务，努力提高技能，一步步成长为技术榜样。这既得益于他“遇到问题、不怕问题、解决问题”的工作信条，也和他从未停止学习息息相关。

高喜喜爱琢磨、喜钻研，经常搞点创新——既有简单实用的小工装，也有源于身边、用于车间的小创造。每次遇到技术难关，他都边学习边摸索，从分析图纸到编程试切等，直到零件的尺寸、形状、位置精度丝毫不差。他自主摸索出的高效工作方法帮助他攻克了一个又一个技术难关。在业余时间，他不仅自己坚持学习专业技术理论知识，还带动车间的工人们一起学习。

● 结合高喜喜的事迹，谈谈如何提高自己的学习效率和专业技能。

无论是知识学习还是技能学习，都要掌握科学的学习方法，探寻适合自己的学习方式，努力达到事半功倍的学习效果。

善于运用学习策略，提高课堂学习效率。课堂学习是获取知识的重要来源，课堂学习的效果直接影响所学知识的深浅与多寡。为了提高课堂学习效率，可以运用多种学习策略：坚持课前预习，在预习的过程中提出问题，带着这些疑问走进课堂；在课堂上集中注意力，认真听讲，做好笔记，入脑入心；课后及时回顾和复习，提炼总结学习内容，思考知识之间的内在联系等。

巧妙利用记忆规律，巩固所学知识。遵循艾宾浩斯遗忘规律，运用记忆策略，是巩固学习成效的重要方法。在学习阶段，可以运用精细加工策略，对新知识进行有意义的加工，发掘零散知识之间、知识和生活实践之间的内在联系。在复习阶段，要重视记忆的首因效应和近因效应，不断调整复习内容的先后顺序，按照“少食多餐”的复习原则，避免长时间不间断地集中复习，要采取有间隔的分散复习策略。

## 相关链接

心理学家艾宾浩斯发现，遗忘遵循先快后慢的规律。学习之后1小时内不复习，记忆损失最严重，会遗忘55.8%的学习内容，随后遗忘速率会下降。学习之后8.8小时不复习，遗忘率是64.2%；24小时之后，遗忘率是66.3%；而在31天之后，遗忘率也只达到78.9%。为了避免遗忘，我们可以运用“先及时复习，后间隔复习”的记忆策略。

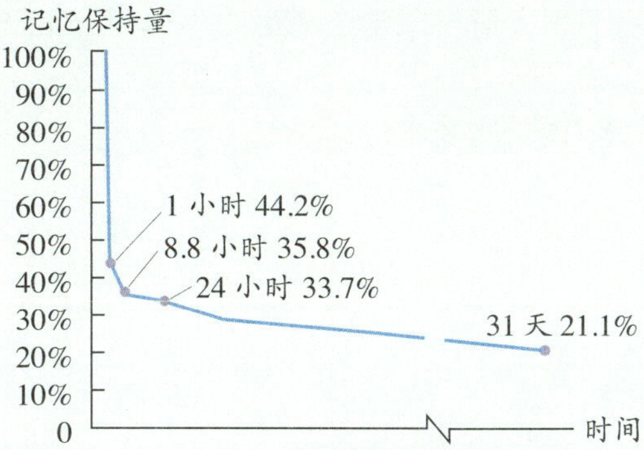

艾宾浩斯遗忘曲线

**先及时复习，后间隔复习**

- 学习任何新知识之后，都要及时复习，记忆痕迹会随着重复次数的增加而逐渐加深。
- 随着对学习内容越来越熟悉，可以延长重复的间隔时间。
- 隔1个星期看一遍，隔1个月再看一遍，直到这些内容牢固地封存在我们的长时记忆系统中。

灵活运用学习迁移，促进活学活用。学习迁移是指先前掌握的知识或技能会影响随后的学习活动。在学习中，我们要举一反三，触类旁通，利用已学的知识和技能促进新的学习。“纸上得来终觉浅，绝知此事要躬行。”我们既要认真学习书本知识，也要善于把握实习实训中的学习机会，将书本知识运用于解决实际问题中，形成知识积累与问题解决相辅相成的良性循环，促进书本知识的活学活用。

> 读书学习客观上是一个去粗取精、去伪存真的过程，必须联系实际，知行合一，通过理论的指导、利用知识的积累，来洞察客观事物发展的规律。
>
> ——习近平

通过长期刻意练习，掌握专业关键技能。精通一门专业技能是我们的安身立命之本。在学习专业技能时，要设定清晰的、具体化的阶段目标；在练习过程中，要遵循老师或师傅的示范和指导，并根据他们的反馈，明确自己做得好或不好的方面，进而通过有目的、刻意的练习予以改进，直至形成一系列“自动化”技能。

## 启思导行

列出自己现有的学习方法，分析现有学习方法的优缺点，提出改进策略并付诸行动，填写下表。可与同学结成互助小组，互相监督、共同进步。

| |
|---|
| 现有的学习方法： |
| 现有学习方法的优缺点： |
| 改进策略： |
| 改进成效（两周后填写）： |

# 第12课
# 终身学习　持续发展

在新一轮科技革命方兴未艾、社会发生深刻变革的今天，要让学习成为自己的一种兴趣、一种习惯、一种精神需要、一种生活方式。学习本课，我们将认识终身学习的要求，掌握数字化学习方法，提升信息素养，树立终身学习意识。

## 一、时代呼唤终身学习

### 1. 学习无止境

**阅读与思考**

毛泽东热爱学习、热爱读书，终生与书为伴。他曾说："我一生最大的爱好是读书。""饭可以一日不吃，觉可以一日不睡，书不可以一日不读。"自少年时代起，毛泽东就善于挤时间看书学习。长沙求学时期他勤学苦读，革命战争年代他利用战争空隙争分夺秒地研读，社会主义建设时期更加笃学不倦。为了读书，毛泽东把一切能利用的时间都用上了。

毛泽东孜孜不倦地读书学习，是他成为伟人、作出丰功伟绩的重要条件。毛泽东有丰富的学习经验。他认为，积学贵有恒，书要反复读，要广收博览、系统钻研，要勤动笔墨、学思结合，学习的目的在于应用等。毛泽东热爱学习的精神值得我们大力弘扬。

- 毛泽东热爱学习的事迹给你哪些启发？

终身学习是每个社会成员为适应社会发展和实现个体发展的需要，持续一生的学习过程。"少而好学，如日出之阳；壮而好学，如日中之光；老而好学，如炳烛之明"，学习与人的生命共始终。无论年龄大小，每个人都需要不断学习。无论是在学校，还是在家庭、社会，任何人在任何时间、任何地点都可以学习。

### 相关链接

习近平在中央党校建校80周年庆祝大会暨2013年春季学期开学典礼上讲话指出：在农耕时代，一个人读几年书，就可以用一辈子；在工业经济时代，一个人读十几年书，才够用一辈子；到了知识经济时代，一个人必须学习一辈子，才能跟上时代前进的脚步。如果我们不努力提高各方面的知识素养，不自觉学习各种科学文化知识，不主动加快知识更新、优化知识结构、拓宽眼界和视野，那就难以增强本领，也就没有办法赢得主动、赢得优势、赢得未来。

> 一个人如果他不知道学习的重要，他永远也不会变得聪明。
>
> ——毛泽东

当今世界，科学技术日新月异，知识总量呈几何级数增长，知识更新速度大大加快；经济转型升级步伐加快，就业结构和岗位需求发生重大变化。每个人只有树立终身学习的意识，持续地、不间断地学习，才能更好地适应社会发展的需要，跟上时代发展的步伐。

终身学习是迎接时代挑战的“金钥匙”，是自身发展、追求高质量生活的重要前提。终身学习使我们获得新知、增长才干，满足生存和发展的需要，提高未来事业发展的竞争力。终身学习能充实我们的精神生活，开阔我们的眼界，使我们获得更大的发展空间，更好地实现人生价值。

## 2. 活到老，学到老

### 阅读与思考

许振超初中毕业后就参加工作了，没有上过大学。他通过孜孜不倦的学习，从一名普通码头工人，成长为世界一流的桥吊专家，荣获“全国劳动模范”“全国优秀共产党员”等称号。

许振超肯钻研、技术好，工作需要什么就学习什么，多年来一直利用休息时间坚持学习。他凭着勤奋好学、刻苦钻研的精神，先后掌握了高压变配电、电力拖动、数字控制技术、网络通信等多领域的专业知识，积累了一系列大型机械维修、装卸工艺流程领域的成功经验，完成技术革新百余项，练就了“一钩准”“无声响操作”等绝活，是践行“工匠精神”的优秀代表。他带领团队多次刷新集装箱装卸世界纪录，创造了享誉全球的“振超效率”，在平凡的岗位上作出了不平凡的贡献。

- 许振超是怎样做到“活到老，学到老”的？
- 你准备如何践行终身学习？

我国正在完善全民终身学习推进机制，构建方式更加灵活、资源更加丰富、学习更加便捷的终身学习体系，建设“人人皆学、处处能学、时时可学”的学习型社会、学习型大国，为终身学习奠定基础，为终身学习者提供有力支撑。

## 相关链接

2019 年 2 月，中共中央、国务院印发了《中国教育现代化 2035》。该文件在十大战略任务中明确提出：构建服务全民的终身学习体系。

- 构建更加开放畅通的人才成长通道，完善招生入学、弹性学习及继续教育制度，畅通转换渠道。
- 建立全民终身学习的制度环境，建立国家资历框架，建立跨部门跨行业的工作机制和专业化支持体系。
- 建立健全国家学分银行制度和学习成果认证制度。
- 强化职业学校和高等学校的继续教育与社会培训服务功能，开展多类型多形式的职工继续教育。
- 扩大社区教育资源供给，加快发展城乡社区老年教育，推动各类学习型组织建设。

“学不可以已。”人的智力、能力都是可以通过努力学习和实践不断得到提高的，这是坚持终身学习的内在信念。要做到终身学习，就必须充分认识终身学习的重要性，树立终身学习的理念，自觉把学习作为个人成长和职业发展的重要手段和内在动力。

> 对世界上的一切学问与知识的掌握也并非难事，只要持之以恒地学习，努力掌握规律，达到熟悉的境地，就能融会贯通、运用自如了。
>
> ——高士其

终身学习，就要提高自主学习能力。自主学习，就要把学习当成一种发自内心的活动。要确立明确的学习目标，主动寻找和发现自己感兴趣的学习资源，养成自主学习习惯，以持之以恒、刻苦钻研的精神，不断从知识的宝库中汲取精华。

终身学习，还要善于把“知”与“行”有机结合起来，以知促行、以行求知、知行合一，努力做到“学以养德，学以增智，学以致用”。

## 启思导行

分组搜集本专业所在行业变化发展的最新信息，讨论：根据行业发展需求，在专业领域如何做到终身学习？简要写在下面的横线上。

______________________________

______________________________

## 二、信息素养助力发展

### 1. 认识数字化学习

阅读与思考

小王是中职学校计算机平面设计专业一年级学生。他通过上网搜索，发现某热门视频平台上有很多素描教程，可以解决自己绘画中遇到的难点。例如，遇到绘画明暗关系处理不当时，他搜索关键词“明暗”“素描”，就可以找到相关视频学习。他还把自己的素描过程拍下来，传到网络平台上分享，得到同学和网友们的支持与鼓励，这也极大地增强了他学习素描的满足感和成就感。

- 小王是如何利用网络资源进行数字化学习的？
- 你有哪些利用数字化资源学习的经验与大家分享？

数字化学习是使用数字设备或互联网开展的学习模式，也称为网络化学习。数字化学习倡导以学习者为中心、以问题为导向的自主学习。学习者可以根据自己的学习需求，借助现代信息技术，灵活运用数字化资源，随时随地进行学习。数字化学习改变了学习的时空观念，提高了学习效率。

数字化学习能力是指进行数字化学习应具备的能力，是学习者利用数字化资源、数字化工具和数字化平台开展学习所需具备的知识和技能。我们身处数字化时代，只有掌握并不断提高数字化学习能力，才能更好地解决学习、生活和工作中的实际问题。

提高数字化学习能力，需要主动适应数字化学习设施、软件、平台、工具等数字化学习环境，采取相应的策略主动学习；需要掌握相关信息技术知识，对数字化学习资源进行有效获取、分析、评估和应用；需要掌握并运用多种数字化学习方式，满足个性化学习需求，高效完成学习任务。

## 相关链接

“学习强国”是由中共中央宣传部主管，立足全体党员、面向全社会的优质学习平台。“学习强国”通过提供海量免费的书籍、图文、音视频等学习资源以及在线答题、学习积分等互动方式，探索“有组织、有管理、有指导、有服务”的学习，让网络学习更多样、更个性、更智能、更便捷。自“学习强国”推出以来，社会公众从中获取了丰富的知识、增长了见识、开阔了视野，为做好本职工作拓宽了思路。

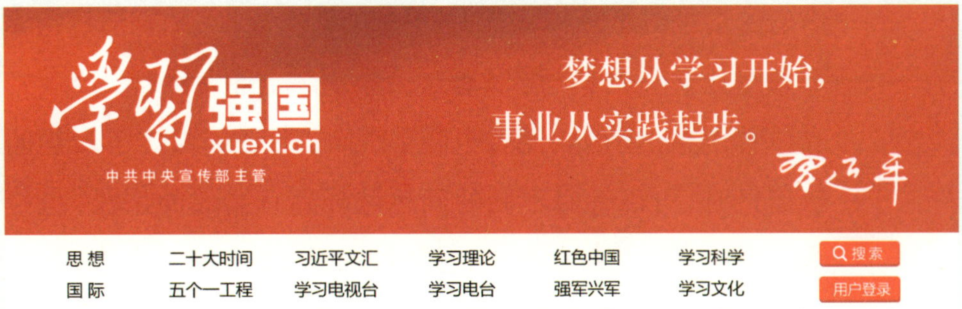


## 2. 提升信息素养

### 阅读与思考

2021年5月15日，“天问一号”着陆巡视器成功着陆于火星乌托邦平原南部预选着陆区，我国首次火星探测任务着陆火星取得圆满成功。

中国国家航天局公布的“着巡合影”图

小林看到这则新闻后，对“天问一号”产生了强烈的好奇心，想要更全面地了解“天问一号”的来龙去脉。他当即通过官方平台观看了完整视频，发现“天问一号”火星探测器从火星大气层外缘通过软着陆的方式降落到火星表面，整个着陆过程步步惊心，技术十分复杂。小林还想知道：为什么叫“天问一号”？人类为什么要探索浩瀚的宇宙？火星是地球人的未来吗？我国星际探测从地月系到行星际的跨越，会给人类未来的生活带来怎样的惊喜？带着这些疑问，小林系统地检索了相关的网络资料，筛选出科学专业的解读文章。他认真研读，既拓展了知识面，也为我国航天事业的发展由衷地感到自豪。

- 在浩瀚宇宙中，我国还有哪些航天器？它们的名称由来是什么？
- 小林在了解“天问一号”的过程中，表现出了哪些信息素养？

数字化学习要求我们具有良好的信息素养。信息素养主要包括信息知识、信息意识、信息能力和信息伦理四方面。在数字化时代学习，我们应具备有关计算机操作、数字资源和数字平台使用等基本知识；具有积极面对信息技术的挑战，不畏惧信息技术，以积极的态度学习新的信息技术的意识；拥有使用信息技术来解决自己学习和生活中的问题的能力，懂得如何去获取信息、甄别信息并有效利用信息解决问题；在从事信息活动时，能够自觉遵守道德规范、法律法规等行为准则。

多种渠道，获取信息。网络信息资源丰富多彩、包罗万象，我们获取信息的途径也是多种多样的。可以通过图书、期刊信息检索工具浏览和下载专业学习资料，可以通过搜索引擎、各大网站、公众号等获取专业和科普信息，还可以通过电视、广播、报纸等媒体了解新闻时事。在获取信息时，可以针对不同的问题选择适宜高效的途径，也可以针对同一个问题从不同的信息渠道获得多方面信息。

去粗取精，甄别信息。网络的便利性使得海量信息喷涌而出。要注意从海量信息中甄别有效信息，去除无效甚至虚假信息。信息获取的途径能够在一定程度上保障信息质量。一般而言，从官方渠道获得的信息较为可靠。要通过多渠道对比、信息来源核实等多种方法，确定信息的真伪，对信息的有效性和适宜性作出正确判断。

## 相关链接

为增强青少年自觉抵御网上不良信息的意识，2001 年 11 月，共青团中央、教育部等部门联合发布了《全国青少年网络文明公约》。

**全国青少年网络文明公约**

- 要善于网上学习，不浏览不良信息。
- 要诚实友好交流，不侮辱欺诈他人。
- 要增强自护意识，不随意约会网友。
- 要维护网络安全，不破坏网络秩序。
- 要有益身心健康，不沉溺虚拟时空。

利用信息，解决问题。有效的信息是宝贵的资源，有些信息可以直接指导我们解决问题，有些信息需要我们进一步整合，生成自己的创造性的想法，从而解决学习上的疑问或生活中的困难。

## 启思导行

- 通过搜索引擎，查找本专业的岗位需求、就业方向等信息并进行甄别筛选，做一份调查报告，在班级与同学交流分享。

# 内容概览

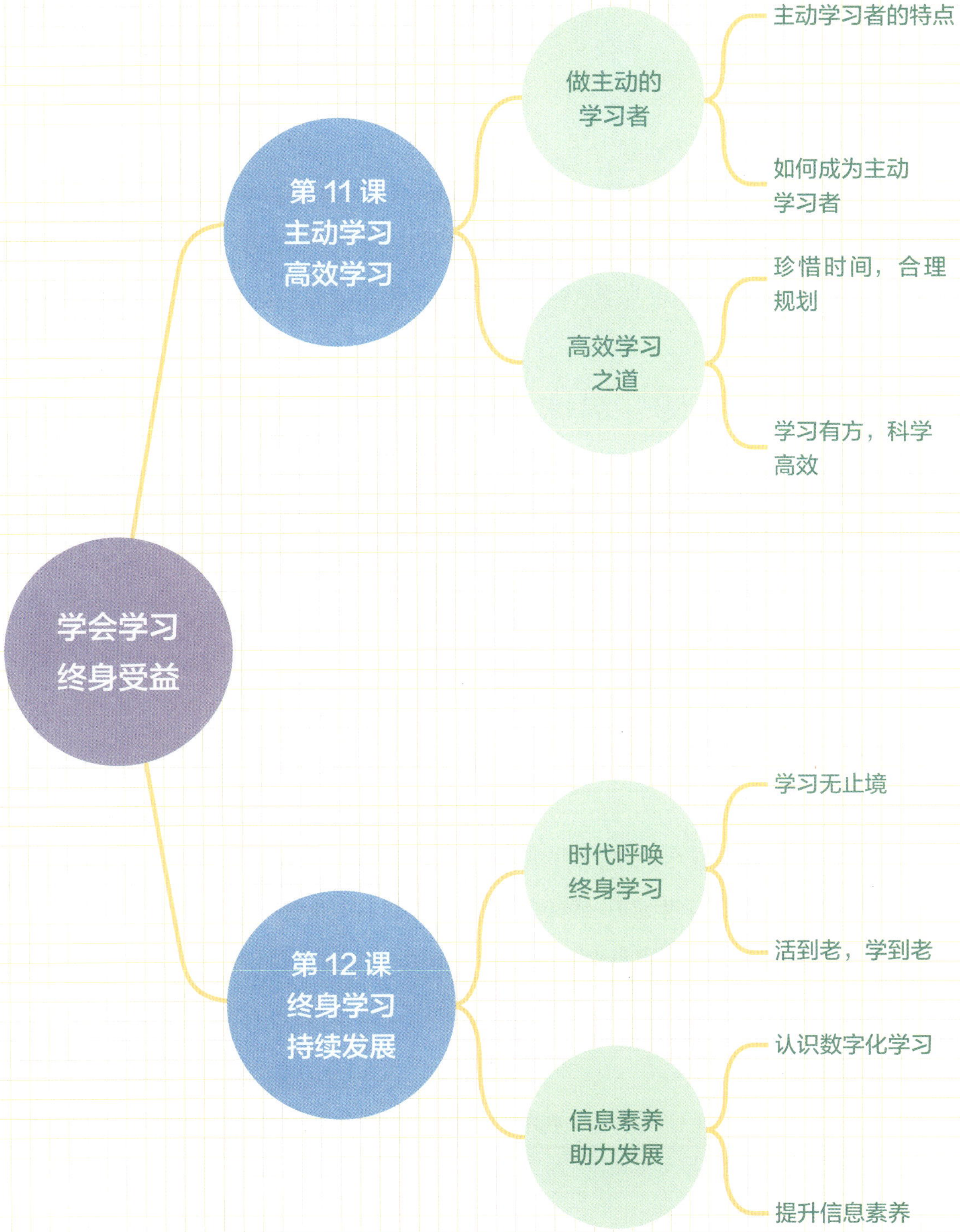
学会学习
终身受益
第 11 课
主动学习
高效学习
做主动的
学习者
主动学习者的特点
如何成为主动
学习者
高效学习
之道
珍惜时间，合理
规划
学习有方，科学
高效
第 12 课
终身学习
持续发展
时代呼唤
终身学习
学习无止境
活到老，学到老
信息素养
助力发展
认识数字化学习
提升信息素养

# 学以致用

## 激发学习动力　成就理想人生

### ▶活动目标

1. 认识学习的重要价值，了解主动学习者的特点，理解终身学习的必要性。

2. 端正学习态度，坚定“我要学好”“我能学好”的信心，树立终身学习的意识。

3. 掌握高效学习的方法，努力做一个爱学习、会学习的终身学习者。

### ▶活动任务与建议

**任务一：以“我们为什么要学习”为议题，探讨如何明确学习目的，增强学习的内在驱动力**

1. 可以班级为单位，分享“我的学习故事”，包括自己的学习态度、习惯、方法等，同学之间相互了解各自求学生涯中的苦与乐，找到同盟，树立信心。

2. 可邀请几位学习优秀的同学，或者毕业不久的优秀毕业生作报告，分享他们在求学生涯中是如何确定学习目标、保持学习动力的。

3. 可组织拟订学习计划书的活动，根据自己的实际情况，拟订一份短期和长期学习计划书，并与同学、老师讨论，让学习计划更具合理性和可操作性。

| 我的学习计划书 | |
|---|---|
| 短期学习计划书 | 长期学习计划书 |
| 1. | 1. |
| 2. | 2. |
| 3. | 3. |

**任务二：以“我们如何学习”为议题，探讨提高学习效率的方法**

1. 可开展学习能力训练活动，教师布置一次专业学习任务，学生在设定期限内完成笔试和操作演示。根据测试结果，学生分为几组，每组选出代表，分享自己在这段时间内是如何完成学习任务的，具体采用了哪些学习方法。全班交流总结值得借鉴的好方法。

2. 可整理一份班级学习手册，记录每位同学在学习方面的优势和劣势，建立班级学习互助小组，实现同学之间的优势互补、共同进步。

| ________的学习优势和劣势 | |
| --- | --- |
| 学习优势 | 学习劣势 |
| 1. | 1. |
| 2. | 2. |
| 3. | 3. |

3. 可开展“学习的好方法”主题交流会，交流总结提高学习效率、养成良好学习习惯的方法。

4. 可开展学习竞赛活动，4人为一组，结成“学习互助小组”，设定学习目标，布置学习任务，评价各组学习进度和结果，营造良好的学习氛围。

**任务三：以“活到老，学到老”为议题，探讨终身学习的必要性和方法**

1. 可搜集不同行业较为成功人物的事迹，描绘他们的学习与工作的发展轨迹，关注他们所学专业与工作去向的关系，以及工作转型时期如何顺利过渡的经历，记录、整理相关资料，感悟终身学习的重要性。

2. 可通过“给未来的自己写一封信”的形式，思考自己打算采用哪些举措适应变化的世界，希望未来的自己达成怎样的人生理想，匿名投放到班级“心愿箱”内。学生轮流从“心愿箱”中随机抽取信件，先当众读一遍信中的内容，然后请其他人一起出谋划策，总结如何通过终身学习，让梦想照进现实。

3. 可开展讨论会或辩论会，4人为一组，分组多渠道搜索、准备资料，探讨信息时代所需要的学习能力，以及如何提升信息素养，为职业生涯发展奠定坚实基础。

## ▶活动评价

| 评价内容 | 评价人员 | 评价方式 | 评价维度 | | | | | | 总结反思 |
|---|---|---|---|---|---|---|---|---|---|
| | | | 语言表达 | 问题分析 | 事件处理 | 成果呈现 | 个人状态 | 团队合作 | |
| | | | | | | | | | |
| | | | | | | | | | |
| | | | | | | | | | |

说明：

- 评价人员：本人、同学、家长、教师等。
- 评价方式：采用赋分评价、评语结论评价等。
- 评价维度：语言表达是否清晰准确，问题分析是否全面准确，事件处理是否恰当，成果呈现是否完整，个人状态是否积极，团队合作是否有效。
- 总结反思：从成效、改进措施等方面进行。

# 第五单元 规划生涯 放飞梦想

追梦需要激情和理想，圆梦需要奋斗和奉献。制订、执行职业生涯规划的过程，就是敢于有梦、勇于追梦、勤于圆梦的过程。我们要加强对规划的管理，将规划落到实实在在的行动中，定期检查规划的执行效果，并根据内外条件变化调整和持续完善规划，为未来的职业生涯发展奠定坚实基础。

在本单元中，我们将学习树立正确的劳动观，提升自身职业素养；学习制订职业生涯规划的方法，提高职业生涯规划执行力，增强职业适应性；明确职业生涯规划的评价标准，把握职业生涯规划调整的时机，学会评价、调整和持续完善职业生涯规划；奠定实现梦想、成就出彩人生的基础。

# 第13课
# 立足专业　谋划发展

“凡谋之道，周密为宝。”意思是说：凡谋划策略、制订方案等，都以周密详尽为贵。我们要实现职业理想，首先要立足实际、科学谋划，绘制出自己的职业生涯蓝图。学习本课，我们将学习树立正确的劳动观，不断提升自身职业素养；在分析自身条件、外部环境的基础上，绘制自己的职业生涯蓝图。

## 一、崇尚劳动，提高素养

### 1. 树立正确的劳动观

**阅读与思考**

热爱劳动是中华民族的传统美德。南宋诗人范成大用诗词记录下古人的劳动场景：“新筑场泥镜面平，家家打稻趁霜晴。笑歌声里轻雷动，一夜连枷响到明。”轻快欢乐的劳作氛围让人们忘却劳动的辛苦与不易。

1951年，16岁的赵梦桃成为西北国棉一厂的一名学徒工，次年正式成为一名细纱挡车工。“好好干，下苦干，老实干”是她的口头禅。赵梦桃善于学习、勤于实践，创造和推广的新技术、新方法，极大提高了工作效率，为我国棉纺事业作出了重要贡献。赵梦桃先后两次被评为“全国劳动模范”，被树为“全国纺织战线的一面红旗”。在她的影响和带动下，“人人当先进，个个争劳模”蔚然成风。

宰红斌是电力行业的“发明大王”，2020年被评为“全国劳动模范”。自1993年退伍成为一名电网一线工人后，他一直坚守输电运检一线，凭着自己对电力行业的执着与热爱，立足本职，努力钻研专业技术，坚持自主创新，成绩斐然，其创新成果曾荣获第五届全国职工优秀技术创新成果奖二等奖。宰红斌是基层一线专注创新、甘于奉献的中国优秀工人典范。

- 上述材料反映了怎样的劳动观？我们应如何对待劳动？

劳动是创造物质财富和精神财富的过程，是人类特有的基本社会实践活动，是人类社会存在和发展的基础。

马克思主义认为，人是劳动的产物，劳动创造了人类生存所必需的全部物质条件和精神条件。劳动是人的生命存在和全部社会活动的前提，作为生命存在的人，要解决吃、穿、住、用、行的生活问题必须从事生产劳动，通过劳动改造自然，从大自然中获取生活资料。劳动是人类全部社会关系形成和发展的基础，人们在劳动过程中，既同自然界发生关系，又在人们之间结成了生产关系。劳动是推动人类社会进步的根本力量，社会发展的最终决定力量不是精神、意志、神灵，而是人的劳动实践。

### 相关链接

恩格斯在1876年所写的《劳动在从猿到人转变过程中的作用》一文中，明确提出并全面论证了劳动创造人的原理，指出人类从动物状态中脱离出来的根本原因是劳动。在漫长的时间里，从猿到人过渡期间的生物在长期使用天然工具的过程中学会了制造工具，工具的制造是经过思考的有意识的活动，这种自觉的能动性是人和动物最重要的区别。

猿人劳动场景假想图

“民生在勤，勤则不匮。”中华民族是勤于劳动、善于创造的民族。正是因为劳动创造，我们拥有了历史的辉煌；也正是因为劳动创造，我们拥有了今天的成就。“一勤天下无难事。”要牢固树立劳动最光荣、劳动最崇高、劳动最伟大、劳动最美丽的观念，弘扬劳模精神、劳动精神、工匠精神，进一步焕发劳动热情、释放创造潜能，通过劳动创造更加美好的生活。

在长期实践中，我们培育形成了爱岗敬业、争创一流、艰苦奋斗、勇于创新、淡泊名利、甘于奉献的劳模精神，崇尚劳动、热爱劳动、辛勤劳动、诚实劳动的劳动精神，执着专注、精益求精、一丝不苟、追求卓越的工匠精神。

——习近平

## 2. 专业、职业与职业群

### 阅读与思考

- 以上场景涉及哪些职业？这些职业分别对应哪些专业？
- 按照所学专业，想一想你毕业后可以从事哪些职业。

专业是根据社会分工需要而划分的学业类别。中等职业学校的专业设置既对应专业技能、职业岗位、职业标准和继续学习的专业方向，又对接产业、企业和岗位。各专业都有教学计划，通过课程教学实现本专业的培养目标和要求。中等职业学校的课程设置分为公共基础课程和专业（技能）课程两类。公共基础课程面向所有专业的学生，专业（技能）课程面向本专业学生。这些课程的学习为我们顺利就业和职业生涯可持续发展打下坚实基础。

### 相关链接

2021 年，教育部印发了《职业教育专业目录（2021 年）》，共设置 19 个专业大类，其中中职专业 358 个、高职专科专业 744 个、高职本科专业 247 个。该目录详细列举了我国职业教育的专业大类、专业代码、专业名称等。

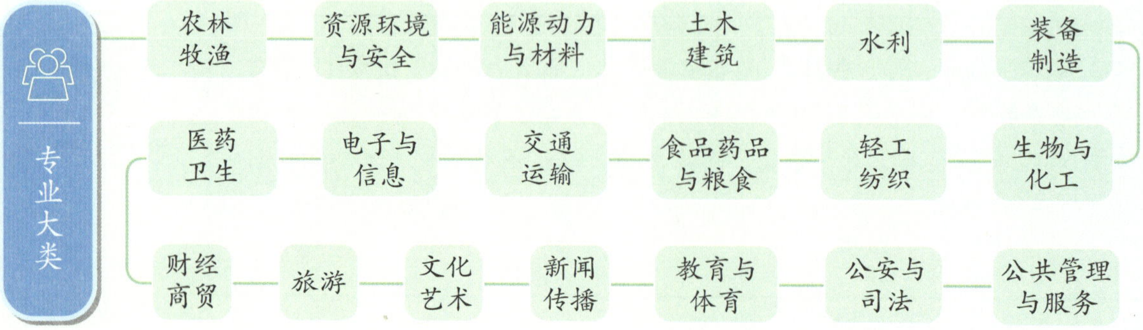

职业与我们的工作和生活关系最密切，每个人都会从事某项工作，但不是所有的工作都是职业。能够被称为职业的工作需具备的特征有：相互关联、相互服务的社会活动；有合法收入；在一定的历史时期内形成，并具有较长生命周期；符合国家法律和社会道德规范；具有一定的从业人数。

有些职业的工作内容类似，所需专业技能基本相同，我们把工作内容、职业素养、社会功能等相近的若干个职业称为职业群。每个专业既可以对应一个职业，也可以对应一个或几个相关的职业群。了解专业所对应的职业群，有利于我们进行职业生涯规划，发挥专业优势，并为今后的职业选择和职业发展提供更多机会。

专业和职业都是社会分工的产物。社会经济、科学技术的不断发展，促使产业、行业不断调整，同时导致职业的变化，新的职业不断产生，旧的职业逐渐消亡。与职业相对应的专业也会随之调整，以满足社会对人才的需求。

**相关链接**

第一部《中华人民共和国职业分类大典》颁布于1999年，2015年进行了第一次修订，2022年进行了第二次修订。2015年版与1999年版相比，新增职业包括网络与信息安全管理员、快递员、文化经纪人、动车组制修师、风电机组制造工等，取消职业包括收购员、平炉炼钢工、凸版和凹版制版工等。与2015年版相比，2022年新修订的版本中，新增职业包括工业机器人操作员、农业数字化技术员、密码工程技术人员、碳管理工程技术人员、金融科技师，取消职业包括电报业务员等。

## 3. 职业岗位对劳动者职业素养的要求

**阅读与思考**

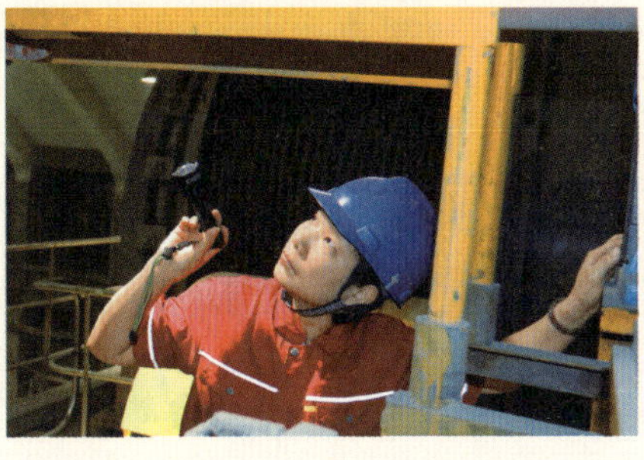

梅琳是我国为数不多的可以吊装巨型精密装置的起重机司机，也是全球最大发电机转子的吊装者，她可以把直径16.5米、重达2 300吨转子的移动距离控制在1毫米以内。

梅琳总是不断向自己发起挑战。尽管在岗位上已经工作了近30年，梅琳每次到达工位后，都要做些练习找到手感。在不断的摸索中，她创造出一套“手感、听感、嗅感”相结合的吊装方法。梅琳曾说，这个岗位是很孤独的岗位，但热爱可以克服一切困难；我参与建设国家重大工程，就是一种价值的体现。

● 梅琳的事迹对你提升自身职业素养有哪些启发？

每个职业岗位对劳动者的职业素养都有明确要求。职业素养是劳动者在职业活动中表现出来的综合品质，包括职业信念、职业知识技能和职业行为习惯。职业信念表现为对自己所选择职业方向、所确定职业理想的稳定看法和态度，包括良好的职业道德、积极的职业心态和正确的职业价值观。职业知识技能是从事某种职业所应具备的专业知识和技能。职业行为习惯是职业素养的外在表现，在职业活动或目标明确的训练中形成。

## 相关链接

中共中央、国务院2019年10月印发的《新时代公民道德建设实施纲要》明确指出：推动践行以爱岗敬业、诚实守信、办事公道、热情服务、奉献社会为主要内容的职业道德，鼓励人们在工作中做一个好建设者。

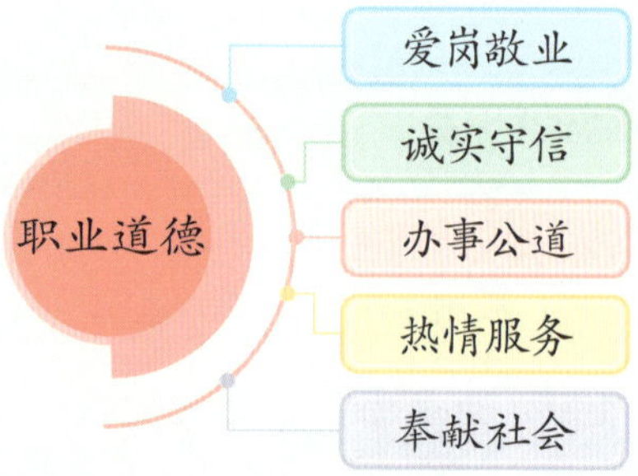


劳动者素质对国家、民族发展至关重要。劳动者的知识和才能积累越多，创造能力就越大。劳动者的职业素养越高，在劳动岗位上作出的贡献就越大。职业素养与个人的幸福生活息息相关，会影响用人单位的生存与发展，甚至影响一个国家的国际竞争力。提升职业素养，不但有助于我们成功就业或创业，适应岗位要求，而且有利于我们在职业出现变化时掌握主动权，实现职业生涯的可持续发展。

提升职业素养需要把实干和创新结合起来，多下苦功夫，敢于突破常规，练出真本领。提升职业素养，需要认真学习专业课程，磨炼专业技能，通过专业实训、岗位实习等方式，熟悉职业岗位规范，符合职业资格要求；需要在学习中培养职业兴趣，发挥想象力和创造力，获得职业发展的动力；还需要培养良好的职业道德，坚定职业理想，为职业生涯的长远发展奠定基础。

### 相关链接

职业资格是指从事某一职业所必备的学识、技术和能力的基本要求。职业资格证书代表着持证者具备从事某一职业岗位的专业知识与技能，对求职就业具有重要意义。国务院 2019 年 1 月印发的《国家职业教育改革实施方案》提出了“1+X”证书制度。从 2019 年开始，在职业院校、应用型本科高校启动“学历证书 + 若干职业技能等级证书”（简称“1+X”证书）制度试点工作。学历证书全面反映学校教育的人才培养质量；职业技能等级证书是毕业生、社会成员职业技能水平的凭证，反映职业活动和个人职业生涯发展所需要的综合能力。

### 启思导行

- 通过自我反思和与他人交流，结合所学专业，制订提升自身职业素养的计划。

| 职业素养 | 表现较好的方面 | 有待提升的方面 | 提升策略 |
|---|---|---|---|
| 职业信念 | | | |
| 职业知识技能 | | | |
| 职业行为习惯 | | | |

## 二、综合评估，制订规划

### 1. 分析自身条件

### 阅读与思考

小夏、小陈是好朋友，但他们的性格、兴趣和特长却各不相同。

小夏性格开朗，脾气随和，待人热情友好，适应性强，他擅长与陌生人打交道，有很多好朋友。平时同学有困难和不开心的事情，都喜欢跟小夏说。小夏多才多艺，总是积极参加学校的各种集体活动。

小陈性格内敛，平时话不多，动手能力很强。他从小就喜欢摆弄玩具、做手工，还喜欢拆卸、修理东西。小陈曾经独自修好奶奶的旧电视，还帮老师修理教室的计算机。小陈自制、发明了很多小玩意，被同学们称为“发明家”。

- 小夏、小陈各自适合从事哪些职业？为什么？
- 你觉得自己适合从事哪些职业？

制订职业生涯规划，需要充分认识自己的职业兴趣、职业性格、职业能力和职业价值观等，立足实际、着眼未来、不断发展。

职业兴趣及其培养。职业兴趣是个体对某种职业活动具有的比较稳定而持久的心理倾向。职业兴趣和职业选择相匹配时，可以提高工作效率、职业稳定性和满意度。在制订职业生涯规划时，要充分考虑个人的职业兴趣，更好地发挥兴趣的导向作用。职业兴趣是可以培养的，我们要在学习和实践中认识到所学专业的重要性，以及专业所对应职业对社会的意义和价值，增强专业学习的自觉性，主动培养对未来从事职业的广泛兴趣。

### 相关链接

不同的兴趣对应不同的职业群。根据霍兰德的职业兴趣理论，人和职业都可分为实用型、研究型、艺术型、社会型、企业型、常规型六种类型。大多数人并非典型的某种类型，而是两三种类型的组合。

| | |
|---|---|
| 实用型 | 喜欢使用工具从事操作性工作，动手能力强，偏好要求明确的具体任务。典型职业有机械装配工、制图员、修理工、厨师等。 |
| 研究型 | 抽象思维能力强，求知欲强，喜欢独立的和富有创造性的工作，逻辑分析和推理能力强。典型职业有科研人员、产品检验员、工程师、计算机程序设计员、系统分析员等。 |
| 艺术型 | 有创造力，乐于创造新颖、与众不同的作品，渴望表现自己的个性，做事理想化，追求完美，有一定的艺术才能和个性等。典型职业有演员、画家、平面设计师、摄影师、广告制作人等。 |
| 社会型 | 喜欢与人交往，不断结交新的朋友，善言谈，愿意教导别人，渴望发挥自己的社会作用等。典型的职业有导游、护士、教师、社工、咨询师等。 |
| 企业型 | 追求权威和物质财富，具有领导才能，喜欢影响他人，喜欢竞争，敢冒风险，有抱负等。典型职业有销售人员、项目经理、创业者等。 |
| 常规型 | 尊重权威和规章制度，喜欢按计划办事，细心，有条理，关注实际和细节情况，通常较为谨慎和保守。典型职业有秘书、会计、出纳、行政助理、速记员等。 |

职业性格及其调适。职业性格是个体形成的与职业相关的比较稳定的心理特征，以及与之相适应的习惯化的行为方式。性格不同，所适合的职业存在差异；不同职业也有不同的性格要求。在制订职业生涯规划时，要了解自身的性格类型和特征，选择与自己性格相适应的职业。事实上，每个人的性格不会百分之百地适合某种职业，我们可以有意识地自我锻炼、自我完善，通过调适自己的性格，主动适应职业的要求，培

养、发展相应的职业性格。

职业能力及其提高。职业能力是个体从事某种职业活动必须具备的能力。人的能力有差异，可以通过学习和实践获得发展和提高，成功的职业人往往都具有多种职业能力。在制订职业生涯规划时，要综合评估自己的条件，除了考虑“想做什么”之外，还要考虑自身能力能否胜任。我们要主动在学习和实践中，努力提高自己的职业能力，为将来顺利就业和胜任工作做准备。

职业价值观及其调整。职业价值观是个体衡量某种职业优劣和意义的内心尺度。职业价值观决定职业期望和择业动机，影响职业方向和职业选择，以及就业后的工作态度和行为。要明确自己在职业中最看重的是什么，优先考虑和选择的是什么，也要能够根据实际情况，经常反思并及时调整自己的职业价值观，处理好物质需要和精神需要、眼前利益与长远发展之间的辩证关系，把个人职业理想与社会的发展进步联系起来，努力在为社会作贡献中实现自己的人生价值。

## 2. 分析外部环境

### 阅读与思考

小王在中职学校学的是中草药栽培专业。中职毕业前夕，小王综合考量内外因素后，选择进入一家中药材种植公司上班。工作三年后，小王的家乡全面实施乡村振兴战略，当地政府出台了很多支持创业的好政策，如对首次创业的大中专毕业生发放创业补贴等。基于自己的工作经验，小王感到创业的时机到了。

于是，小王先用自家的土地种了太子参和党参，结果大获成功。接着，她在家人的支持下，又承包了百余亩土地，扩大种植规模，收益颇丰。几年后，小王联合几个同学创办了集种植、销售为一体的中草药公司，并发展养殖业等联合产业。小王招聘了很多当地的乡亲，帮助乡亲们留在家乡就业。小王的公司取得了良好的经济效益和社会效益。

- 结合小王的经历，说说制订职业生涯规划时，应从哪些方面分析外部环境。

国家、区域、行业发展和家庭状况等外部环境，会影响个人的职业生涯发展，是制订职业生涯规划时必须考虑的重要条件。在制订职业生涯规划前，要分析外部环境，善于捕捉、把握发展机遇。

国家发展是个人职业生涯发展的基础。祖国的繁荣富强、和谐稳定是我们发展的重要机遇。目前，我国正在加快构建新发展格局，着力推动高质量发展。要关心国家大事、关注国家经济社会发展，善于从国家发展的角度审视自己的职业发展方向，把个人发展与国家发展结合起来，将个人梦想自觉融入中华民族伟大复兴的事业中。

> 从现在起，中国共产党的中心任务就是团结带领全国各族人民全面建成社会主义现代化强国、实现第二个百年奋斗目标，以中国式现代化全面推进中华民族伟大复兴。
>
> ——习近平

区域发展为个人职业生涯发展提供有利条件。不同区域的自然、经济和社会条件不同，国家实施的区域发展战略不同，区域发展水平和布局也不同，因此，各个区域的行业和产业具有地方特色。在制订职业生涯规划时，要充分了解区域发展动向和人才需求状况，分析家乡经济发展特点，比较本地经济与其他地区经济的差异，把握职业生涯发展的有利条件。

## 相关链接

《中华人民共和国国民经济和社会发展第十四个五年规划和 2035 年远景目标纲要》指出，我国深入实施区域协调发展战略。

**深入实施区域协调发展战略**

- 推进西部大开发形成新格局。强化举措推进西部大开发，切实提高政策精准性和有效性。
- 推动东北振兴取得新突破。从维护国家国防、粮食、生态、能源、产业安全的战略高度，加强政策统筹，实现重点突破。
- 开创中部地区崛起新局面。着力打造重要先进制造业基地、提高关键领域自主创新能力、建设内陆地区开放高地、巩固生态绿色发展格局，推动中部地区加快崛起。
- 鼓励东部地区加快推进现代化。发挥创新要素集聚优势，加快在创新引领上实现突破，推动东部地区率先实现高质量发展。
- 支持特殊类型地区发展。统筹推进革命老区振兴；推进生态退化地区综合治理和生态脆弱地区保护修复；推动资源型地区可持续发展示范区和转型创新试验区建设等。

行业发展为个人职业生涯发展提供机会。随着经济社会发展，产业结构不断优化升级，新技术、新工艺层出不穷，新职业、新岗位不断涌现。在制订职业生涯规划前，要充分搜集相关行业信息，了解行业现状和发展趋势，分析国家政策对行业的影响，探索行业人才需求与要求，搜集相关就业政策，关注典型企业动向和特点等，从中寻找个人职业生涯发展的机会，明确发展方向。

家庭状况与个人职业生涯发展联系最紧密、最直接。家庭结构、教养方式、经济条件、社会关系以及家庭成员的职业等，都是影响个人职业选择和未来发展的重要因素。要客观地分析家庭状况及其变化，在充分考虑家庭资源的基础上，制订个人职业生涯规划。

## 3. 绘制生涯蓝图

### 阅读与思考

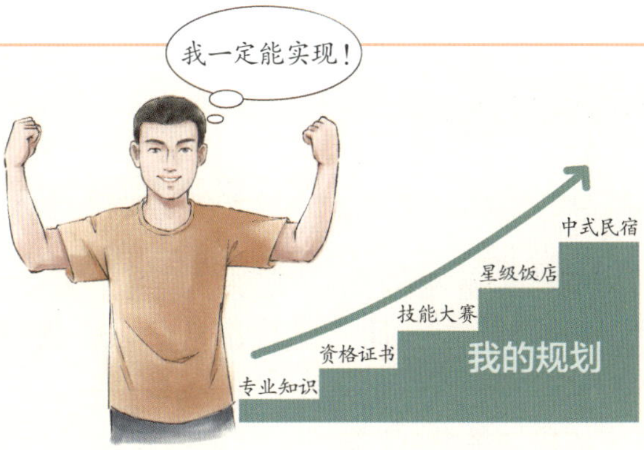


小李在中职学校学习高星级饭店运营与管理专业，他的职业生涯目标是在家乡的旅游景区创办一家中式风格的民宿。为实现这一目标，他计划在学校学好专业知识，考取资格证书，参加专业技能大赛并获奖，为顺利进入星级饭店工作做准备；工作5年后，争取成为星级饭店的中高层管理人员，掌握饭店运营的基本模式和核心技术。

对未来职业生涯有了初步规划之后，小李努力学习专业课程，积极参加各级各类技能大赛，并通过校友介绍引荐，利用假期空闲时间去星级饭店实习，不断提升实践能力。

● 小李的职业生涯目标与规划对你有哪些启发？

在综合评估自身和外部条件的基础上，确定职业生涯目标，制订职业生涯行动计划，并在执行规划、逐步实现目标的实际行动中持续完善规划，构成相对完整的职业生涯规划过程。

确定职业生涯目标。职业生涯目标是个人希望未来某时在某个职业领域所要达到的具体成就，是职业理想的具体化，指引着个人的行动方向。确定职业生涯目标是制订职业生涯规划的核心。明确而合理的目标，有助于减少个人行为的盲目性，激励、引导个人为实现目标而努力。按照由远及近的顺序，可以将职业生涯目标分为长期目标、中期目标和近期目标。中长期目标要分解为一个个具体的近期目标，近期目标必须清晰、明确、具体、可行。

## 相关链接

长期目标，就是符合职业理想的最长远的奋斗目标。长期目标既可以是奋斗方向、范围，也可以是某个具体的职位。中期目标是为实现长期目标而根据个人的具体情况所确定的分阶段实现的具体目标。近期目标是中期目标和长期目标在现阶段的体现。

职业生涯目标的确定，应遵循以下原则。

| | |
|---|---|
| 目标明确 | 目标设定清晰明确，不笼统模糊。 |
| 可衡量 | 目标可量化、可衡量，对个人行为有清晰、具体的要求。 |
| 可实现 | 目标既符合个人实际，又具有一定的挑战性，不是空想的。 |
| 相关性 | 目标设定与所学专业、职业发展方向等相关。 |
| 时限性 | 目标有确定完成的日期。 |

制订职业生涯行动计划。行动计划是实现职业生涯目标的具体措施。一份完整的行动计划包括实现目标的具体任务、完成任务的期限、完成任务的标准等，既要明确完成任务期望达到的结果，又要制订实现结果的策略，还要确定完成各项任务的起止时间和进度安排。在行动计划中，要注意近期目标、中期目标和长期目标的关联性，近期目标要为中期目标和长期目标打好基础，做好铺垫。

制订行动计划，可采用从年计划开始，向学期、月、周、日逐步细化的方法。年计划应依据学校人才培养方案和未来发展目标制订，学期计划、月计划和周计划可以根据每个学期的专业教学计划和近期发展目标制订，计划的落实需要体现在每天的安排上。日计划的制订可按照列举当天所有任务、估算每项任务所需时间、预留弹性时间、专注重要的任务、分析对比时间计划五个步骤进行。

## 启思导行

- 根据所学知识，分析自身条件和外部环境，绘制出自己的职业生涯蓝图。

# 第14课
# 执行规划　夯实基础

蓝图已绘就，关键在落实。知易行难，只有付诸行动，梦想才有可能实现。职业生涯规划贵在坚持、难在坚持、成在坚持。如何将职业生涯规划落到实处？如何为职业生涯发展夯实基础？学习本课，我们将学习提高职业生涯规划执行力、增强职业适应性的方法，为职业生涯的顺利发展做准备。

## 一、提高规划执行力

### 1. 认真执行规划各项措施

**阅读与思考**

小陈从小生活在牧区，她对动物充满感情。初中毕业后，小陈到中职学校学习宠物养护与经营专业。她为自己制定了毕业十年后拥有自己的宠物美容店的职业生涯目标。为了实现这一目标，她不仅认真学习专业课程，还注意积累有关宠物美容的知识。小陈制订了具体的周计划和月计划。周计划是上网查资料，了解宠物的品种和习性，并做好笔记。月计划是追踪宠物界的时尚趋势，留意各种宠物造型，随时将最新的造型画下来。按照计划，小陈经常去宠物店，了解并记录宠物美容和护理的日常工作情况、问题和解决办法。她加入宠物护理群，主动学习专业技能，并与同学结成学习小组，督促自己每天学习。为了增加实践经验，她还经常给小动物做造型，并拍照发布。小陈每完成一个小目标，都在日历上留下记号。小陈对自己取得的成绩很是自豪，她也成了同学心目中的“宠物小专家”。

- 小陈是怎样执行职业生涯规划的？
- 你打算如何有效地执行职业生涯规划？

> 珍惜韶华、脚踏实地，把远大抱负落实到实际行动中。
>
> ——习近平

没有执行，一切都是空谈。认真执行职业生涯规划的各项措施，是职业生涯规划成功的重要保证。职业生涯发展的历程犹如攀登高山，在登山的路上会遇到各种问题和障碍。只有矢志不渝、坚定前行，才能收获胜利的果实。“艰难困苦，玉汝于成。”在向规划目标奋进的过程中，我们要对实现目标坚信不疑，迎难而上，决不轻言放弃。

按照规划落实自己的行动。“不积跬步，无以至千里；不积小流，无以成江海。”职业生涯规划的落实，不是一蹴而就的，而是一步一步实现的。一切结果都是行动的积累，只有行动才能达成规划的目标。提高规划执行力，要采取行之有效的方法：及时记录规划执行情况，通过自我检查、自我约束，提醒自己严格执行；坚持自我激励、自我鞭策，学会时间管理，珍惜时间、善用时间，提高时间利用率；每天坚持完成小目标，逐步实现大目标；请他人监督，向老师、家人、同学等公开自己的规划，请他们督促、激励自己。

### 相关链接

图表法和日记法是执行规划的好方法。

**图表法**　制订一个检查表，把完成规划的时间、任务列成表格，每完成一项任务，就在表格上打“√”。随着规划的执行，可在图表上直观地看到自己的执行情况，也能及时反思未完成规划的原因，并提出改进措施。

**日记法**　通过写日记来督促自己严格执行规划。坚持写日记，对规划的完成情况和执行存在的问题进行反思，寻找改进办法，督促自己完成规划任务。

## 2. 定期检查规划执行效果

### 阅读与思考

小郑是一名数字媒体技术应用专业的学生。早在入学之初，他就规划好了未来的发展道路，并准备用最短的时间考取与专业相关的两个资格证书。然而，眼看马上要到三年级了，小郑的考证计划还没有进展，他为此很苦恼。

在老师的帮助下，小郑准备使用任务单的方法来定期检查自己执行规划的效果。小郑在任务单上写下当天、本周和本月要完成的任务，在任务到期时（每天晚上、每周末、每月末）核对任务单的完成情况，分析没有完成任务的原因，并及时调整和完善任务单。

- 如果小郑坚持使用任务单的方法，他会取得哪些成效？
- 你会怎么设计自己的任务单？

定期检查规划执行效果，是管理职业生涯规划的重要手段。通过对规划的执行过程与执行结果进行反思总结，可有效提高规划执行力。定期检查的内容主要有：是否按规划时间进度执行，规划的任务是否如期完成，是否达到预期效果，执行环节是否存在问题，没有完成规划的原因有哪些，是否需要调整和改善，调整和改善的措施有哪些，等等。通过定期检查，可以及时发现问题、查找原因，进行必要的调整，同时激励自己更加自觉、严格地执行规划。

## 相关链接

五步脱困法是在规划执行过程中，自我激励解决问题、走出困境的方法。它把关注点从困境转到想办法解决问题上。

**1 第一步** 明确自己在执行规划时遇到了什么困难。

**2 第二步** 寻找各种可以脱离困境的方法，包括可以独自解决的方法和求助他人帮助的方法，而不是对自己说“我做不到”。

**3 第三步** 对走出困境的方法进行评估，看看自己使用过哪些方法，为什么不成功，以及如何进行改进。尝试没有使用过的方法。

**4 第四步** 将妨碍克服困难的语言改为鼓励自己坚持的语言，如把“我真的不行”，改为“我可以坚持一下，虽然是一点点进步，但是我还是进步了”。

**5 第五步** 想象自己走出困境的情境。如“如果克服了这个困难，我的目标实现了，那么我将会是什么样子”，激励自己克服困难、实现目标。

定期检查可以结合日计划、周计划、月计划、学期计划、年计划展开。制订明日、下周、下月、下学期、明年计划时，先检查今天、本周、本月、本学期、今年计划落实情况，再根据自己的实际执行情况，统筹安排、合理制订下一阶段的任务，一步步检查、一步步落实，最终完成规划内容。

## 启思导行

- 在下表中列出自己在校期间职业生涯规划的目标和行动计划等，与同学组成监督小组，互相督促、共同提高。

执行人:____________　　　　　　　　　　　　　　　　监督人:__________

| 规划目标 | 行动计划 | 完成时间 | 完成效果 | 未完成目标的原因及改进措施 |
| --- | --- | --- | --- | --- |
| | | | | |
| | | | | |
| | | | | |
| | | | | |

# 二、增强职业适应性

## 1. 从学校走向职场

### 阅读与思考

三位同学从中职学校毕业后，来到同一家汽车修理公司上班。他们渴望自己的技能可以得到施展，对未来充满了希望。但不久，他们就在实际工作中遇到了烦恼。

本来以为自己的汽修理论和技术已经学得不错，没想到很多实践性的工作还是做不好，要学习很多新东西……

原本在学校没感觉，进了公司后，发现周围不少同事都是大学毕业，自己显得格格不入，有些自卑，也不愿和同事交流，与客户联系又怕说错话，在公司里总感到孤独……

我觉得每天都是重复性的工作，日复一日，很是无趣。工作任务重，常常加班，太不自由了，也不知道什么时候才能实现我的远大梦想，非常迷茫……

- 以上三位同学初入职场，遇到了哪些烦恼？
- 学校和职场有哪些区别？

从中等职业学校毕业后，我们中的很多人会离开校园、步入职场，正式开始自己的职业生涯。从学校走向职场，从学生转变为职业人，是我们人生的重大飞跃。学校与职场有很多不同，要尽快适应这些变化，做好角色转换。

学校与职场的环境氛围不同。学校是学习的场所，职场是工作的场所。在学校，学生的生活相对简单、节奏稳定，学习周期以学期为单位，有固定的寒暑假。在职场，职业人要通过自己的职业活动创造价值，为所在单位和社会作贡献，工作任务往往是具体而繁杂的，工作氛围往往是紧张而有压力的，一般没有固定的长假。

学生与职业人面对的人际关系不同。学生作为受教育者，以完成学习任务为主，面对的主要是老师和同学。老师与学生之间是教与学的关系，对学生更多的是关心和爱护；同学之间年龄相仿，有共同语言，容易沟通。在职场，人际关系会变得相对复杂，如上下级的关系、与客户的关系等。职业人不仅要有个人能力，还更强调团队精神，要学会与他人团结协作，在团队合作中得到发展。

学生与职业人承担的责任不同。学生的责任是好好学习，接受教育、储备知识、培养能力，努力成为德智体美劳全面发展的社会主义建设者和接班人。职业人的责任是爱岗敬业、履职尽责，依靠自己的本领完成工作中应尽的职责。职业人要遵守职业道德，履行岗位职责，尽可能多地发挥作用、创造价值。对于职业人来说，恪尽职守、承担责任是非常关键的。责任心是用人单位考核员工的重要指标。

### 相关链接

责任心是指一个人对自己所需要遵守的规范、承担的责任和履行的义务的自觉态度。责任心强的人在工作上更加注重细节，更加努力并更有毅力，而且自我调控和管理能力更好，做事更有条理，计划性更强。这样的人更容易提高工作效率，更容易实现职业生涯的长远发展。

对于很多中职毕业生来说，走出校园，第一次踏上工作岗位时，会面临角色转换的压力，出现职业适应的各种心理冲突问题。在校期间，我们要脚踏实地、积极作为，做好角色转换的充分准备，培养自己各方面的能力，为迈好职业生涯的第一步奠定基础。

## 2. 职业适应早准备

### 阅读与思考

小刘在中职学校学习旅游服务与管理专业。在学校期间，她不仅刻苦学习文化课和专业课知识，考取了普通话、英语、计算机、导游等相关证书，而且积极参加学校的各种活动，热心为集体服务，特别重视沟通、合作能力的训练和责任心的培养。小刘认为，做服务工作，需要性格外向、抗压能力强一些，但她的性格比较内向，她为此制订了有针对性的性格调适训练计划。

毕业前，小刘被分到某旅行社实习，她把实习当作检验自己、提高能力的好机会。由于在学校时准备充分，她很快适应了岗位要求。在工作中，她吃苦耐劳、积极主动，与同事和睦相处，为客户提供热情、周到的服务，经常受到各方表扬。由于实习时表现出色，小刘毕业后顺利与旅行社签约，成为正式员工。

- 小刘为了顺利进入职场，在学校期间做了哪些准备？
- 为了尽快适应职场，你打算做哪些准备？

我们现在处于职业生涯的准备时期，要充分利用在校时光，强化角色转换的意识，提高职业适应力，为顺利就业和职业生涯的可持续发展夯实基础。

### 相关链接

在社会化的过程中，个体要不断地扮演或转换各种社会角色。角色转换意味着个体需要摆脱前一种角色行为模式和心理特点的影响，发展另一种角色所需要的行为模式和心理特点，以调整状态进入新的角色，更好地实现新角色所赋予的任务。

在角色转换过程中，有时会出现角色冲突问题。当一个人扮演一个角色或同时扮演几个不同角色时，由于不能胜任或与角色期望相矛盾，会出现心理和行为上的不适应或不协调。

要明确学校与职场的区别、学生与职业人的角色定位，强化自己的责任担当意识。我们不仅要认真学习，还要在实习实训、班集体活动中，努力做好自己负责的事情；加强与他人的沟通协作，不敷衍应付、不推诿塞责，勇于担当作为。

要拥有理性务实的心态，做好从基层岗位起步，扎扎实实、不断发展的心理准备。选择岗位时，要立足个人实际，正视社会现实；要胸怀大志，顺应时势，立足社会需要，着眼未来发展，到社会最需要我们的地方发挥聪明才智。

> 把远大志向变成现实，既要求得到真学问、练就真本领，又要有锲而不舍、自强不息的奋斗精神，从一点一滴做起。
>
> ——习近平

要在日常学习和社会实践中，主动锻炼自己，注意利用一切机会，增强自己的学习能力、创新能力、自我控制能力和执行能力等，全面提高职业适应力。

## 启思导行

● 分组采访几位本专业的优秀毕业生，请他们谈谈初入职场时遇到的问题，采取的应对方法及效果，填写下表，并形成访谈报告，在课堂上交流分享。

| 采访者 | 优秀毕业生 | 初入职场时遇到的问题 | 采取的应对方法及效果 |
|---|---|---|---|
| | | | |
| | | | |
| | | | |
| | | | |

# 第15课
# 完善规划 奋发有为

万事万物总是在不断变化，变化是绝对的，不变是相对的。环境在变、要求在变，我们自身在发展，我们的职业生涯规划也要随之调整、不断完善。学习本课，我们将学习职业生涯规划的评价方法，学会调整、持续完善自己的职业生涯规划，脚踏实地、奋发进取，在火热的青春中放飞人生梦想，在拼搏的青春中成就事业华章！

## 一、明确标准，评价规划

### 1. 职业生涯规划的评价标准

**阅读与思考**

- 以上观点是从哪些角度评价职业生涯规划的？

要实现职业生涯的可持续发展，必须根据国家和社会需要、自身条件变化，定期对职业生涯规划进行评价，发挥职业生涯规划对我们职业生涯发展和个人成长的促进作用。

职业生涯规划要符合国家需要，对社会发展有益。职业理想和职业发展目标，要立足中国特色社会主义进入新时代的历史方位，把自己的职业生涯发展和国家经济社会发展紧密联系在一起。分析发展条件，要对区域经济、所学专业对应行业的发展有清晰的认识，并从中准确把握个人职业生涯发展的机遇。

职业生涯规划的内容要完整，要详尽且能够具体地指导自己实施职业生涯规划的行动。评价职业生涯规划要看是否可行，规划设计的职业发展目标和计划措施等能否如期实现；要看能否促进个人实施行动，激励自己朝着规划目标努力；还要看是否考虑了未来可能的变化，是否有备选和调整方案。

## 2. 职业生涯规划的评价方式

### 阅读与思考

学文秘专业的小邓，制订了沿“信息处理及录入员—办公室文员—高级文秘或行政助理—行政主管”路径发展的职业生涯规划。她制订的行动计划包括：提高录入速度，熟练使用办公软件，提高文字写作能力等，还规划了考取职业资格证书的时间表。

同学们对小邓的职业生涯规划进行讨论后，认为她的职业生涯目标可行，且有具体计划，但是大家建议她增加培养时间管理能力和心理承压能力等计划。老师建议小邓关注一下与文秘相关且相近职业的信息，作为就业时的备选方案。

● 同学们和老师的评价，对小邓的职业生涯规划有何作用？

评价职业生涯规划，有自我评价、他人评价两种形式。自我评价是按评价标准对规划整体审视、重点检查，回顾自己在制订、执行规划的过程中，有哪些进步和不足，需要做哪些改进和调整。他人评价是老师、家长、同学等对自己的规划进行评价。我们要主动邀请他人提出意见和建议，借助他人的智慧不断完善自己的职业生涯规划。

## 相关链接

360度评价法又称全方位评价法，是由被评价者自己及与其密切相关的人，对被评价者进行全面、多角度的评价。我们可以借助这种方法对职业生涯规划进行评价。在企业，评价主体是员工本人、领导、同事、下属及服务的客户等；在学校，评价主体是学生自己、任课老师、带教师傅、同学、亲人、朋友等。

“兼听则明，偏信则暗。”360度评价法有利于较全面、客观地进行评价，使我们尽可能发现存在的问题、潜在的优势，对我们持续完善规划、促进自身发展有重要参考作用。

评价职业生涯规划，要依据评价标准，制订具体的评价细则。评价细则是对评价标准的细化和分解，包括发展条件、发展目标、行动计划等环节，要保持各环节的完整性、可行性、激励性和灵活性。根据评价细则，对个人职业生涯规划的内容进行逐项打分，得出评价结果。评价完成后，要认真分析评价结果，找出规划中需要改进之处，并进行有针对性的调整。

## 启思导行

● 分组对各自的职业生涯规划进行自我和他人评价。同学之间互评后，再把评价结果交给老师（师傅），请他们给予具体、有针对性的指导。填写下表。

| | |
|---|---|
| 自我评价 | |
| 同学评价 | |
| 老师（师傅）指导 | |

## 二、把握时机，调整规划

### 1. 调整职业生涯规划的时机

**阅读与思考**

我学的是茶叶生产与加工专业，原本计划毕业后到家乡茶厂工作。这两年家乡在国家乡村振兴政策的支持下变化很大，我打算通过网络宣传和销售家乡的茶叶。虽然很多东西都要现学，但是我觉得有前途，更有意义。

我在中职学校学的是智能设备运行与维护专业，毕业后开了一家小家电维修店。一次偶然机会，有人来修无人机，我研究了几天，居然修好了！现在经常有人来修无人机，我打算系统地学习一下，想明年开个分店，专修无人机。

- 上述材料反映了职业生涯发展中的哪些变化？
- 面对职业生涯发展中可能会遇到的变化，你计划如何应对？

我们的职业生涯与经济社会发展密切相关。当今时代，国际形势复杂多变，经济全球化和社会信息化飞速发展，科学技术突飞猛进，产业结构、行业结构调整加快，与之对应的职业结构、就业市场等，也快速发生着变化。这些外部因素会直接影响我们的职业生涯发展。我们的职业生涯发展面临的第一个外部条件变化，很可能就是毕业后就业市场的变化。

除了社会大环境之外，我们的个人小环境也在变。个人小环境主要包括家庭的经济状况、人际关系、父母及重要他人对我们的期望和建议等。这些变化都会影响我们的职业生涯发展。

外部环境在变，我们自身也在变。在校读书期间，随着年龄的增加、阅历的增长，道德品质、知识技能、行为习惯等职业素养的提升，我们对自己、职业和社会会有更加深刻的了解和认识，对自身职业生涯的发展会有新的认识和定位。

**相关链接**

面对变化要具备以下心理素质。

1 对变化抱有积极的态度，同时能接纳自己面对变化的消极情绪。

2 具有认知灵活性，能同时从多个角度看待变化，及时发现自己在认识上的不足，并调整自己的看法。

3 具备从变化中学习的能力，能利用变化带来的机遇。

4 主动寻求他人的支持，包括情感支持、物质支持、信息支持等，从而顺利应对变化。

5 对应对变化有信心，并主动寻求新的变化。

毕业前夕，可根据实习实训过程中的体验、求职过程中对自身条件的检验，以及职业信息和就业市场供需实际等，对职业生涯规划进行调整。从业初期，职业的实践体验、职业环境的变化、职业素养的提升等，也可能促使我们调整职业生涯规划。

机遇总是青睐有准备的人。只有认真学习，提升自身的能力和素质，才能把握时机，审慎灵活地调整和完善我们的职业生涯规划。

## 2. 调整职业生涯规划的方法

**阅读与思考**

小许学的是艺术设计与制作专业，原来的规划是毕业后去企业做网页设计。2019 年，小许和同学们参加助力脱贫攻坚的志愿活动时，发现村民们在做农产品的网络直播售货，但粉丝数量很少，农产品销量并不乐观。小许运用自己所学专业知识和技能，向村民们分享了自己的直播创意和互动技巧等，并帮助村民们拍摄制作农产品展示视频。在小许和同学们的热心帮助下，农产品的销量有了明显提高，他们也受到村民们的好评。

这段经历让小许对直播销售产生了浓厚的兴趣，他调整了自己的职业生涯规划，决定毕业后从事短视频运营工作，并且计划在毕业 5 年内创立自己的工作室，从事直播销售工作。小许为了实现新的职业生涯目标，自学了很多短视频拍摄和剪辑方法，毕业时他顺利成为一名有较好业绩的互联网营销师。

- 小许的职业生涯规划发生了怎样的变化？他是如何调整的？
- 小许的经历对你有哪些启示？

职业生涯规划的调整是重新剖析自身条件和重新评估职业生涯发展机会，修正职业生涯目标和行动计划的再设计和再创作过程。调整不是对原有规划制订过程的简单重复，也不是对原有规划的直接否定，而是基于新情况新要求，有针对性地修正、完善原有规划。

调整职业生涯规划，首先，要重新剖析自身条件，掌握自身条件的变化及其在职业实践中检验的结果，确定“我能做好什么”。其次，要重新评估职业生涯发展机会，对求职、从业环境进行再分析，评估职业生涯的机遇和挑战，明确“什么可以做”。再次，修正职业生涯目标，在重新剖析自身条件和职业生涯发展机会的基础上，对新目标进行再确认，对职业生涯长期目标、中期目标和近期目标进行调整，审视“我为什么做”。最后，修正行动计划，根据修正后的职业生涯目标，制订新的行动计划，审视“我应该怎么做”。

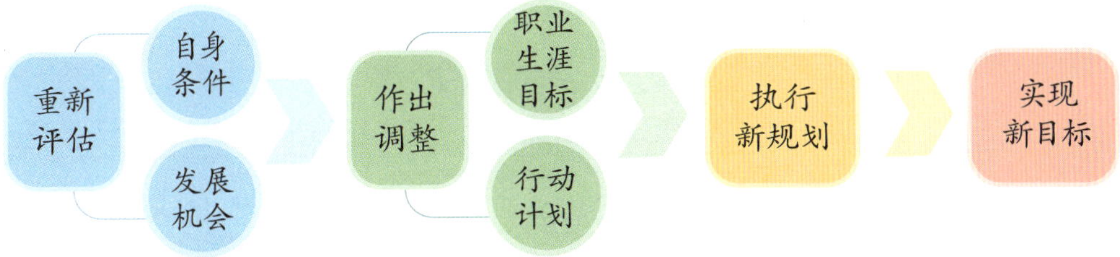


“一分规划，九分落实。”现在，我们有了“追梦蓝图”，下一步的关键是把蓝图一步步变为现实。只有树立梦想从学习开始、事业靠本领成就的观念，让勤奋学习成为青春飞扬的动力，让增长本领成为青春搏击的能量，奋发有为，开拓进取，才能让美好的蓝图化为明天的现实，使自己成为有理想守信念、懂技术会创新、敢担当讲奉献的高素质技术技能人才，成为大有希望、大有作为的人。

中国梦是历史的、现实的，也是未来的。中华民族伟大复兴的中国梦终将在一代代青年的接力奋斗中变为现实。我们要乘新时代春风，在祖国的万里长空放飞青春梦想，以社会主义建设者和接班人的使命担当，为全面建成社会主义现代化强国而努力奋斗，让中华民族伟大复兴在我们的奋斗中梦想成真！

## 启思导行

● 按照调整职业生涯规划的方法，分析一位榜样人物，看看其职业生涯发展经历了哪些变化，是在何种时机、怎样调整规划的。谈谈你的思考，并与同学交流总结调整职业生涯规划的时机和方法。

# 内容概览

- 规划生涯 放飞梦想
  - 第 13 课 立足专业 谋划发展
    - 崇尚劳动，提高素养
      - 树立正确的劳动观
      - 专业、职业与职业群
      - 职业岗位对劳动者职业素养的要求
    - 综合评估，制订规划
      - 分析自身条件
      - 分析外部环境
      - 绘制生涯蓝图
  - 第 14 课 执行规划 夯实基础
    - 提高规划执行力
      - 认真执行规划各项措施
      - 定期检查规划执行效果
    - 增强职业适应性
      - 从学校走向职场
      - 职业适应早准备
  - 第 15 课 完善规划 奋发有为
    - 明确标准，评价规划
      - 职业生涯规划的评价标准
      - 职业生涯规划的评价方式
    - 把握时机，调整规划
      - 调整职业生涯规划的时机
      - 调整职业生涯规划的方法

# 学以致用

## 落实行动　实现梦想

### ▶活动目标

1. 了解所学专业的社会价值，理解提升职业素养的重要性，明确职业生涯规划的评价标准。

2. 树立正确的劳动观，坚定敢于有梦、勇于追梦、勤于圆梦的信心。

3. 自觉把远大抱负落实到实际行动中，增强职业适应性，提高职业生涯规划执行力，把握职业生涯规划调整的时机，学会评价、调整和持续完善职业生涯规划。

### ▶活动任务与建议

**任务一：以“我的专业对社会有什么作用”为议题，了解所学专业的社会价值**

1. 可分组访谈所学专业已毕业的校友或相关行业从业者，讨论本专业的现状、发展趋势及社会价值，形成访谈报告。

2. 可在实习实训过程中，以写日记的形式记录自己的工作体验，探讨该岗位对劳动者素养的要求，以及提升自身职业素养的重要性。

3. 可举办“我是新时代劳动者”征文比赛、演讲比赛或专业技能比赛，探讨如何树立正确的劳动观，为未来的职业生涯发展做准备。

**任务二：以“‘水滴石穿’给我们怎样的启示”为议题，探讨职业生涯规划贵在坚持、难在坚持、成在坚持的意义**

1. 可进行社会调查，了解学校与职场的区别，有针对性地调整准入职心理状态和职业期待，并以表格形式呈现结果。

2. 可邀请优秀毕业生进行专题讲座，谈谈如何应对职场中出现的各种困难和挑战，交流如何主动适应职业需要，发挥才能，作出贡献，并记录心得体会。

3. 可开展讨论活动，交流与分享各自职业生涯规划的制订、执行及完善情况。

**任务三：以“怎样通过评价促进职业生涯发展”为议题，探讨科学评价职业生涯规划的重要性**

1. 可请企业人力资源专业人员作报告，了解职业生涯规划评价的途径和形式，学会科学评价自己的职业生涯规划，形成自评报告。

2. 可选取典型案例，分析优秀毕业生的职业生涯规划，总结职业生涯规划评价对自身成长的促进作用，并记录下来。

**任务四：以“职业生涯规划要‘与时俱进’”为议题，探讨把握机遇、调整职业生涯规划的策略**

1. 可采用“头脑风暴”等方法，自制表格，列举职业生涯发展过程中可能遇到的突发情况和应对措施，探讨如何调整职业生涯规划方案，实现预期目标。

2. 可通过选取典型案例、邀请劳动模范进校园等活动，分析先进人物在职业生涯发展过程中是如何把握机遇、乘势而上的，学习其兢兢业业、恪尽职守的精神，增强实现梦想、人生出彩的信心，并撰写心得体会。

## ▶活动评价

| 评价内容 | 评价人员 | 评价方式 | 评价维度 | | | | | | 总结反思 |
|---|---|---|---|---|---|---|---|---|---|
| | | | 语言表达 | 问题分析 | 事件处理 | 成果呈现 | 个人状态 | 团队合作 | |
| | | | | | | | | | |
| | | | | | | | | | |
| | | | | | | | | | |

说明：

- 评价人员：本人、同学、家长、教师等。
- 评价方式：采用赋分评价、评语结论评价等。
- 评价维度：语言表达是否清晰准确，问题分析是否全面准确，事件处理是否恰当，成果呈现是否完整，个人状态是否积极，团队合作是否有效。
- 总结反思：从成效、改进措施等方面进行。

# 后　记

本教科书由教育部组织编写，经国家教材委员会审核通过。

国家教材委员会大中小学德育一体化专家委员会和思想政治审议专家委员会委员及相关专家，对教科书的编写与修改完善进行了悉心指导和严格把关。北京市、内蒙古自治区、辽宁省、浙江省、山东省、河南省、湖南省、四川省、云南省、青海省、新疆维吾尔自治区等地教育行政部门、教研部门及部分学校参与了试教试用，提出了很好的意见建议。同时，教科书还征求了中华职业教育社、中国职业技术教育学会等单位以及广大教研员和一线教师的意见。

高等教育出版社承担了教科书的编辑出版工作，在组织编写、编辑加工、制作印刷以及试教试用等方面给予了大力支持。中华全国总工会、中国图片社、中新图片等机构提供了照片资料。对教科书的编写、出版提供帮助的同仁和社会各界朋友还有很多，在此一并表示诚挚的谢意。

期盼广大师生、家长提出宝贵意见，我们将集思广益，对教科书不断修订完善。

联系方式

电　　话：400-810-0598

电子邮箱：zzxl@pub.hep.cn

编　者

2023年8月